智慧旅游理论与实践研究

杨　军　著

中国建材工业出版社
北　京

图书在版编目（CIP）数据

智慧旅游理论与实践研究/杨军著. --北京：中国建材工业出版社，2024.5
ISBN 978-7-5160-4038-6

Ⅰ. ①智... Ⅱ. ①杨... Ⅲ. ①旅游理论 - 研究 Ⅳ. ①F590

中国国家版本馆 CIP 数据核字（2024）第 025336 号

智慧旅游理论与实践研究
ZHIHUI LÜYOU LILUN YU SHIJIAN YANJIU
杨 军 著

出版发行：中国建材工业出版社
地 址：北京市西城区白纸坊东街 2 号院 6 号楼
邮 编：100054
经 销：全国各地新华书店
印 刷：北京印刷集团有限责任公司
开 本：710mm×1000mm 1/16
印 张：9.5
字 数：228 千字
版 次：2025 年 1 月第 1 版
印 次：2025 年 1 月第 1 次
定 价：59.80 元

本社网址：www.jccbs.com，微信公众号：zgjcgycbs
请选用正版图书，采购、销售盗版图书属违法行为

举报信箱：zhangjie@tiantailaw.com 举报电话：(010)63567684
本书如有印装质量问题，由我社事业发展中心负责调换，联系电话：(010)63567692

前言

智慧旅游是互联网和旅游两大领域深度融合和创新发展的新业态，是在互联网技术不断创新驱动下，旅游行业在新常态下扩大内需、推动经济发展的新动能。它是以物联网、云计算、移动通信、智能终端、信息资源共享等新一代信息技术为支撑，主动感知旅游资源、旅游经济、旅游活动、旅游者行为等方面的信息，对信息资源进行最大限度地开发利用。智慧旅游的产生给旅游行业带来了全新的发展方式，采用智慧旅游的方式可以让游客在旅游途中更加灵活和自由，同时也使旅游企业提高自身的行业竞争力和水平，从而进一步提高旅游产业的高度。智慧旅游应以将旅游业培育成为国民经济战略性支柱产业和人民群众更加满意的现代服务业为根本目标，逐渐形成旅游产业发展的新模式和新形态。

本书较为系统地介绍了智慧旅游理论与实践研究，从智慧旅游的基础理论入手，对智慧旅游实现技术、智慧景区、智慧旅行社、智慧旅游公共服务平台建设、智慧旅游营销等进行了具体阐述。本书从宏观层面对智慧旅游进行论述，这既突出了智慧旅游建设是促进旅游业转型升级的方法，也彰显了智慧旅游是旅游信息化发展的必然趋势，而且还为智慧旅游建设提供了有力的理论和技术支持。

在本书的撰写过程中，作者参阅了大量的相关著作和文献，在此向其作者表示诚挚的感谢和敬意，同时也请对写作工作中的不周之处予以谅解。由于作者水平有限，撰写时间仓促，书中难免会有疏漏不妥之处，敬请广大读者批评指正。

目　录

第一章

智慧旅游的基础理论

第一节　智慧旅游的概念与特征

智慧旅游是基于新一代信息技术，为满足游客个性化需求，提供高品质、高满意度的服务，从而实现旅游资源及社会资源的共享与有效利用的系统化、集约化的管理变革。从内涵来看，智慧旅游的本质是指包括信息通信技术在内的智能技术在旅游业中的应用，是以提升旅游服务、改善旅游体验、创新旅游管理、优化旅游资源利用为目标，增强旅游企业竞争力，提高旅游行业管理水平，扩大行业规模的现代化工程。智慧旅游是智慧地球及智慧城市的一部分。

智慧旅游的技术基础是新一代信息技术，如云计算、互联网技术等，这种技术会不断地发展和完善，没有一种特定的技术可以一成不变地存在。发展智慧旅游的目的在于提供个性化的服务，这种服务可以是公共服务，也可以是企业服务，总之是为了满足旅游者的个性化需求，这里突出了服务的品质，即高品质、高满意度的服务。智慧旅游是对社会资源的共享和有效利用，是一种系统化和集约化的管理变革。技术的运用、服务的供给都存在于这场变革之中。

一、相关概念辨析

对智慧旅游相关概念的论述，主要集中在智能旅游、数字旅游和旅游信息化，对虚拟旅游的研究略显不足。同时，相关概念的侧重点、特征内涵、核心技术、主要应用和实现方式等各不相同：数字旅游侧重于旅游信息数据的集成，智能旅游侧重于科学技术在旅游业的应用，虚拟旅游侧重于旅游场景的空间展示，旅游信息化则是信息技术在旅游业应用的一种状态，既可以是初级的应用，也可以是高级的发展。智慧旅游是旅游信息化的高级阶段，包含了数字技术、智能技术和虚拟技术等，是数字旅游、智能旅游和虚拟旅游的综合，因而智慧旅游更能够体现出旅游业发展的理论与实践。

（一）智慧旅游与旅游信息化

智慧旅游与旅游信息化既有区别又有联系。信息化是指充分利用信息技术，开发利用信息资源，促进信息交流和知识共享，提高经济增长质量，推动经济社会发展转型的历史进程。旅游信息化从狭义上讲是旅游信息的数字化，即把旅游信息通过信息技术进行采集、处理、转换，能够用文字、数字、图形、声音、动画等来存储、传输、应用的内容或特征；从广义上讲是指充分利用信息技术，对旅游产业链进行深层次重构，即对旅游产业链的组成要素进行重新分配、组合、加工、传播、销售，以促进传统旅游业向现代旅游业的转化，加快旅游业的发展速度。因此，信息化与旅游信息化既是过程也是结果，对过程的理解侧重于实现信息化的过程，而对结果的理解则侧重于“信息化”的结果。然而，由于信息技术的不断发展，信息化在实践中更侧重于是一个随着信息技术的发展而不断进行的过程。智慧旅游则可理解为旅游信息化的高级阶段，其并不是旅游电子政务、旅游电子商务、数字化景区等用“智慧化”概念的重新包装，而是要能够解决旅游发展中出现的新问题，满足旅游发展中的新需求，实现旅游发展中的新思路以及新理念。为此，智慧旅游的建设目的集中于三个方面。

一是满足海量游客的个性化需求。日渐兴盛的散客市场使得自助游和散客游已经成为一种主要的出游方式。未来散客的市场份额将不断扩大，因此对于更加便利快捷的智能化、个性化、信息化的服务的需求将不断扩大。

二是实现旅游公共服务与公共管理的无缝整合。随着电子政务向构建服务型政府方向发展，旅游信息化的高级阶段应是海量信息的充分利用、交流与共享，以“公共服务”为中心的服务与管理流程的无缝整合，实现服务与管理决策的科学、合理。

三是为企业（尤其是中小企业）提供服务。中小旅游企业的信息化水平不高，在智慧旅游的建设过程中如何吸引中小旅游企业加快信息化进程是目前各智慧旅游试点省市在实践中遇到的难点问题。基于云计算的智慧旅游平台能够向中小旅游企业提供服务，为其节省信息化建设投资与运营成本，是中小旅游企业进行智慧旅游集约化建设的最佳方式。

数字化是将许多复杂多变的信息转变为可以度量的数字、数据，再以这些数字、数据建立起适当的数字化模型，把它们转变为一系列二进制代码，引入计算机内部，进行统一处理。旅游数字化的过程就是将旅游相关的数字和数据进行集成，然后建立旅游数据库和数字化模型，实现对这些数据的运用。智慧旅游是将系列的数字和数据加以利用，其在利用的过程中，通过一定的智能设备和终端，实现便捷化、人性化和综合化运用。

智能化和数字化相比，主要具有以下两个特点。

一是数字化是固定的，而智慧旅游是灵活的。数字化是数据的简单的集成，通过这些数据形成一定的模型，这个模型是固定的，是没有“生机”的；而智慧旅游则是一系列的技术和人工的组合，技术因为人工智能而灵动，人工智能因为技术而先进。数字化是智慧旅游的基础。

二是数字化是单体的，而智慧旅游则是多重要素的集成。数字化只能对其本身具有的要素进行整合和运用，而智慧旅游则可以实现对各种要素的充分整合和运用。数字化是智慧旅游的有机组成部分。

（二）智慧旅游与虚拟旅游

虚拟化是指计算机软件在虚拟的基础上而不是真实的基础上运行。虚拟化技术可以扩大硬件的容量，简化软件的重新配置过程，从而使得新资源的配置过程不受现实、地理位置和底层资源的限制，因而它是一个逻辑视图而不是一个物理视图。虚拟旅游是指建立在现实旅游景观的基础上，运用虚拟现实技术，通过模拟或实景再现，构建一个虚拟的三维旅游环境，使得人们通过网络就可以在虚拟的旅游环境中饱览旅游风光。这种虚拟旅游的方式能够使人们看到生动逼真的旅游景观，仿佛置身于旅游环境一样。虚拟旅游是虚拟旅游平台技术的应用范围之一，应用计算机技术实现对旅游实景的模拟，使操作者仿佛身临其境般感受到旅游景观。

虚拟旅游与智慧旅游的区别在于，虚拟旅游具有一定的局限性。首先，就内容而言，主要局限于旅游景区、酒店等，范围明显较小，主要是给人们提供一个现场感受的感觉，即突出视觉感受。其次，就环境而言，虚拟旅游无法模拟现实存在的真正的旅游环境。真正的旅游环境中存在着各种变化的因素，这是虚拟旅游难以模拟的。旅游者开展旅游活动，不仅要看到优美的景观，更要感受到旅游中的各种现象，如不同人的旅游行为等，而真实的环境是难以模拟的。再次，虚拟旅游的服务具有一定的局限性，人们在进行虚拟旅游时，无法享受到实地旅游中的相关服务。智慧旅游是一种宽泛的概念，人们可以通过虚拟现实技术感知旅游景区的美景，这本身也是智慧旅游的一部分；与虚拟旅游不同的是，智慧旅游体系还能及时将与旅游相关的各类信息传递给旅游者，使旅游者真正享受到旅游中的感觉。这是虚拟旅游所不能提供的，因而虚拟旅游只是智慧旅游的一个要素形式而已。

（三）智慧旅游与智能旅游

旅游服务的最终环节是人对人、面对面的服务与交流，这种服务通过思想与情感的交流进而实现文化的沟通与交流，是旅游者对异域风情与社会人文的体验，这是任何科技手段不能完全取代的人对人的服务。从旅游业的本质与特征而言，“旅游智能化”的提法更为妥帖。先进的科技手段为旅游活动提供方便、快捷、准确的智能化服务，弥补原始的人工服务的不足，同时它把智能化与人工化结合起来，让游客在享受现代科技的程式化、智能化成果的同时，又能享受传统的具有地域或民族风格的人情化、个性化体验，使传统服务与现代科技有机对接。这是现代服务业的新境界、新天地。智能旅游更多体现的是智能设备在旅游中的运用，而智慧旅游并非单纯的智能设备的应用。智能设备是智慧旅游的实物依托，其能对信息进行存储和发布，满足旅游者和旅游管理的需要；然而，在设施设备提供服务的同时，通过人的意志进行旅游管理，通过智能设备载入人性化服务，这本身是一种智慧的体现，是人的智慧经由设备来完成的。因而，智慧旅游更加强调了服务提供中人的因素。旅游业是一个服务密集型的行业，缺少了人文因素，旅游活动就会失去光彩，只有将人文因素贯穿到智能设备中，实现智能设备的人性化服务，智慧旅游才能名副其实。智慧旅游与智能旅游的主要区别在于智慧旅游相对嵌入了更多的人文元素。

（四）智慧旅游与互联化旅游

所谓互联化旅游，是指不同的旅游要素通过一定的技术手段，实现信息交换和信息共享的旅游机制。互联化旅游是一种旅游的联动性，旅游者的旅游行程可以在同一个旅游区，也可以是跨旅游区的。通过联动，可以促进区域间的合作共赢，方便旅游活动的开展，提高旅游效率。这主要表现在区域间交通环境的协调、信息网络的建立、政策制度的统一等，联动性、协调性和统一性将促进区域经济一体化与旅游一体化的进程。旅游主管部门通过互联化旅游可以实现统一营销、推进基础设施一体化建设等，如此可以减少成本，节约社会资源，实现不同区域的合作发展。在管理上，可以避免繁杂的不必要的手续，提高管理效率和管理水平，从而促进旅游业的发展。智慧旅游的重要表现是消费便捷性、信息共享性和区域联动性。因而，联动是智慧的体现，也是智慧旅游的基础，没有互联化旅游就无所谓智慧旅游，互联化旅游是智慧旅游的基础要件。

二、智慧旅游的总体特征

（一）信息化

信息化是旅游发展的基础，也是旅游活动、旅游开发、旅游经济、旅游管理的重要因素。在旅游活动开始之前，旅游者需要了解旅游目的地的各种相关信息，包括价格信息、景点信息、交通信息以及其他旅游相关信息；在旅游活动开展之中，旅游管理部门通过对游客消费特征的调查统计，对相关信息的运用，从而实现对旅游市场的有效管理；在旅游景区开发之前，需要对旅游资源等各类资源进行调查，从而在信息充分的基础上实现旅游资源开发。信息获取和应用涉及旅游发展的各个层面，智慧旅游的发展是对行业内外相关信息的充分整合与运用。

（二）智能化

智能化是智慧旅游的重要体现，没有智能化，智慧旅游也就无从谈起。智能化体现在方方面面，如对旅游资源的开发、对旅游信息的获取、对旅游市场的管理以及旅游活动的开展等。通过信息技术和智能设备，实现智能化服务与管理。在服务端，智能化实现旅游数据统计、信息集成；在使用端，智能化方便主体使用。

（三）专业化

专业化是智慧旅游的要求，智慧旅游与智慧城市和智慧地球不同，其范围更小，相对而言，其专业性愈加突出。具体而言：一是专注，即设立单独的开发部门，针对旅游者、旅游运营商和旅游管理方的需求，开发单独的设备，满足旅游活动、旅游运营和旅游管理的需求；二是专业，实现旅游人才与技术人才的有机结合，进行专业化操作；三是专攻，对旅游中存在的专业性和管理性难题，进行专项攻克，实现旅游业的畅通发展。

（四）全面化

智慧旅游的发展应用应是全方位、多层次和宽领域的。在旅游业的规划与开发、旅游项目的发展运营、旅游活动的开展中实现全方位的应用。无论是高端旅游还是大众旅游，无论是大型区域间的旅游还是小型的旅游目的地都应当逐步向智慧旅游转变，此为智慧旅游的多层次应用。智慧化体现在旅游的各项要素中，如智慧酒店、智慧餐饮、智慧旅行社、智慧旅游景区和智慧基础设施建设，此为智慧旅游的宽领域应用。只有实现全面信息、全面建立、全面共享，保证旅游消费智能化、旅游供给智能化、旅游管理智能化，才能实现智慧旅游的全面发展。

（五）互联化

智慧旅游的一个重要方面是将各个孤立的要素解脱出来，将其与其他要素进行有机整合，从而有效避免信息孤岛现象的发生。首先，设施互联互通。街头的显示屏、景区的触摸屏等不是单独存在的，而是一个信息统一、节点分散的网络终端，不同地点的旅游者可以通过分散的终端获得相同的信息。其次，要素联动。旅游者来到旅游目的地后，不仅要旅游，同时还要住宿、娱乐等。智慧旅游将这些信息进行集成，旅游者可以一站式获得各类信息和服务，从而实现信息的有效获取。再次，管理联动。加强对旅游资源、旅游者、基础设施等的整体管理，实现互联互通，提高管理效率。最后，区域互联互通。不同的区域在发展旅游上相互支持、相互依托，实现区域互联互通，既有利于开发新的旅游产品，又可以节约成本，从而进行综合性的市场管理和运作。

（六）便捷化

便捷既是智慧的体现，也是人们对智慧的要求。便捷的旅游服务体系能够赢得旅游者的信赖，刺激旅游消费，缓解旅游者的紧张心理。首先，使用便捷。这就需要体现以人为本的理念，最大限度地方便人们使用。其次，设施便捷。便捷的设施体系能够便于人们获取旅游信息。最后，技术便捷。不同文化程度的人们在使用同一种设备时，不应有知识上的歧视，避免误解的产生，使得这种服务能够为绝大多数人所获取，这是便捷的直接体现。

第二节　智慧旅游的功能

一、社会功能

（一）资源整合

智慧旅游的发展建设不是单一资源的利用，而是各类资源的有机整合，其在发展过程中，也会对社会资源进行整合。智慧旅游是一个庞大的系统，其中涵盖了较多的资源要素。就旅游企业而言，包括技术资源、市场资源、人力资源等；就公共供给而言，主要有土地资源、媒体资源、信息资源等。对各类资源进行优化整合，促进资源的充分利用，从而实现智慧旅游功能的集成，这是智慧旅游社会功能的主要体现。

（二）公共服务

如果说旅游企业开展智慧旅游经营管理活动是出于自身利益最大化的考虑，那么政府构建智慧旅游体系的出发点则是提供公共服务。智慧旅游的建立能够为公众提供各类服务，如城市交通导引系统、安全事故预警系统等。这些信息与其说是为旅游者提供的，不如说是为社会公众提供的，因为这种服务已经不单纯是旅游者所需要的，而是社会公众所需要获得的。为社会公众提供服务，一方面是发展旅游的需要，另一方面也是构建服务型政府的重要体现。

（三）应急救援

在旅游过程中，抑或发生公共危机时，为公众提供救援是智慧旅游的功能体现。首先，在危机发生后，处于危机中的人能够通过智能终端设备，将自身所处的危急情况发布出来，让人们了解，这体现的是智慧旅游的信息接收功能；在接收信息后，通过广阔的网络覆盖，及时地将这些信息传播给有关部门，从而让相关部门迅速采取行动，及时化解危机，这体现的是智慧旅游的联动功能；同时，在危机发生时，通过智慧旅游体系，及时地将相关信息扩散给广大的社会公众，这体现的是智慧旅游的扩散功能。因此，通过接收、联动和扩散，实现智慧旅游的应急救援功能。最重要的是，通过畅通的智慧旅游系统，能够及时地传递旅游信息，可以起到事故防范、安全预警等作用，从而减少事故的发生。智能旅游系统及其灾害预警与灾害救助平台能及时发布旅游气象灾害、地质灾害等方面的信息，对旅游防灾意识宣传、旅游灾害监测、旅游灾害预防与提醒以及旅游灾害救助都具有十分重要的意义。

（四）社会治理

智慧旅游实现其社会治理的功能，主要体现在其惩恶扬善的公开性。智慧旅游是一个信息发布的渠道，更是信息共享的载体，人们通过智慧旅游体系获得信息，主管部门通过法治和德治相结合的方式，利用智慧旅游系统，将社会中的尤其是旅游活动和旅游经营中的优良和不良现象公之于众，使人们明确社会主义道德观和法律观，从而自觉规范自身行为，有利于促进社会管理。

二、经济功能

就经济发展形势而言，智慧旅游的发展将推动旅游市场由线下向线下线上相结合转化。传统的线下经营模式中，个人或组织想进行旅游消费，须前往旅行社、旅游酒店或旅游目的地现场进行购买。在购买之前，旅游者不能充分获得旅游消费的相关信息，因而市场运行不够透明；同时，人们到消费场所进行现场购买，在购买时获得相应的信息，于是做出消费决策，这种消费决策通常并不能达到最优。人们花费较多的时间、精力和金钱来进行旅游消费，结果却消费不畅且极不便捷，这在某种程度上抑制了旅游需求。因为在获取信息或者购买困难的情况下，人们可以不进行旅游消费或以其他的消费方式予以替代。智慧旅游的出现推动了旅游信息化的发展，使得线上旅游业务和旅游电子商务的发展进一步走向大众化和平民化，人们易于获取准确全面的旅游信息，同时又便于进行网上支付，消费的便利化使得旅游近在身边。线上与线下的融合发展将推动旅游业发展进步。

就经济发展效益而言，智慧旅游的发展能够产生明显的经济效益。从短期来看，智慧旅游发展中投资的增加使得政府和企业的成本增加，然而，从长远发展来看，这种短期追加的固定资本将会转化为长期收益，并且这种短期投入的固定资本远比长期发展中各类成本的总和要小得多。例如，智慧旅游的发展需要相应的设施、技术和人才，而智慧旅游系统的建立使得组织和企业能够获得竞争优势，并且智慧旅游系统一旦建设完成，能够保持长期的运营。就实体企业而言，在日常的经营运作中，各种固定成本和可变成本之和要远多于在智慧旅游中的投资；同时，作为一种新的经营管理方式，通过智慧旅游系统，旅游目的地或旅游企业能够直接与旅游者进行沟通和交互，从而有利于建立良好的形象，维持顾客关系，实现顾客忠诚，从而创造经济效益。

三、文化功能

作为公众生活的一部分，智慧旅游的存在与发展伴随着人类社会的发展而不断演化和前进，其在人机交互的过程中，将推动社会文化的发展。

（一）物质文化

在智慧旅游中，智能设备、智慧旅游设施是人们直接接触的物质载体，这是一种科技文化，且被应用在旅游发展中。科技与旅游相结合，形成具有旅游行业特色的科技实物，承载着智慧旅游中的物质文化，例如旅游咨询中心的特色建筑、特色设备，具有提示意义的实物都承载着一种可以触摸的实体文化。

（二）制度文化

不同于政府和企业中存在着明确的制度，智慧旅游本身不存在什么制度，不像企事业单位中工作人员的行为受到约束，智慧旅游所倡导的制度文化是一种制度文化认同。人们在日常的生活中，通过智慧旅游系统，经由智能设备和终端设施，可以主动地了解相应的法律法规、道德规范和行为准则等；在了解、学习和掌握的基础上，人们自觉遵守、自觉践行、合理运用，在遇到问题时，运用法律和相关制度予以解决，从而形成法治和德治相结合，人们自觉遵纪守法的文化。

（三）行为文化

智慧旅游推动人们行为文化的发展变迁，例如：消费方式由线下转到线上；信息获取方式由交易过程中获取转变为交易前获取；支付方式由购买时支付转变为购买前或购买后支付；支付渠道由现场支付转变为网上支付。在人的行为方式方面，传统的随团旅游向自助旅游转变；对景区景点的讲解，由导游讲解转变为智能设备讲解。旅游者的行为方式随着技术和经济的发展而不断改变，而智慧旅游的发展，则直接加快了这种行为文化转变的速度。

（四）精神文化

精神文化是文化的核心，智慧旅游作为一种现代生活方式，本身并不能改变人类精神文化，也不能强化精神文化，但其在间接产生精神文化过程中的作用却不可小觑。智慧旅游通过推动旅游的发展促进精神文化功能的形成。智慧旅游促进人类旅游方式的转变，从而有更多的人参加旅游，在旅游的过程中，人们的思想意识得到端正，自身素质得到提升。例如，通过游览祖国的大好河山，增加了自己的爱国热情；通过参加生态旅游活动，增强了自己的环保意识。这种潜移默化的作用正是智慧旅游文化功能的体现。

四、科技功能

（一）推动现有技术的普及应用

智慧旅游的发展需要依托两类技术的发展。其一，信息科技核心技术的发展：云计算、移动通信技术、全球定位系统等技术的发展使得相关的数据和功能得以生成，智慧旅游的建立将会推进技术在旅游行业内的普及应用，旅游业的应用将会形成示范效应，从而引起其他行业的同时跟进，因而智慧旅游的应用将能推动核心技术的普及应用。其二，设备终端技术的发展。核心技术的应用最终应当使人们的生活更便捷，因而越来越多的人通过智能终端接收智慧旅游的相关信息，进而促进行业发展。

（二）加速新技术的研发

随着社会的发展和需求呈现的多样化趋势，智慧旅游不断发展，一些新的功能和需求需要满足，因而对智慧旅游中技术的水平也提出了更高的要求。在市场规律的运作下，企业便会投入更多的资本来进行新技术的研发。

五、环境功能

（一）提高生产效率，节约社会成本

智慧旅游的发展将会节约社会成本，促进旅游企事业单位无纸化办公的实现。传统的企业运作是一种高碳式的运行，消耗大量的人力、物力和财力，且效果一般。智慧旅游的建立，将会使得许多人力和物力从工作中解脱出来，减少资源的消耗；在资源有限的情况下，减少消耗就是一种对环境的保护。同时，智慧旅游的发展与我国建设资源节约型和环境友好型社会的发展战略是相一致的。

（二）提升公众素质，强化环保意识

人们在旅游过程中，通过与不同人群的交流，与不同文化的融合，逐步提高自身素质；与此同时，其自身的环保意识也得以增强。如在生态旅游景区，优美的自然环境和良好的社会环境使人们对环境保护的自觉性得以增强，这也是环境功能的体现。

（三）提速智能步伐，避免环境破坏

智慧旅游的发展不能仅仅限于企事业单位的应用，不能仅仅应用于市场，也不能仅仅侧重于服务，同时还应逐步地完善其功能，如环境监

测和环境治理等。例如，在旅游开发的过程中，引入智慧旅游设备，对拟开发地区的生态环境予以跟踪监测，及时获取环境相关数据，了解环境情况，从而指导旅游开发，避免旅游发展中对环境的破坏。

第三节　智慧旅游的价值

一、行业价值

发展智慧旅游对旅游业意义重大，无论是旅游者、旅游企业，还是旅游主管部门，智慧旅游都具有非常深远的意义。智慧旅游将在优化旅游者行为模式、旅游企业经营方式和旅游行业管理模式上推动旅游行业发展。

（一）旅游者

旅游开始之前，人们可以通过智慧旅游设备设施查询相关信息。人们可以在旅游前或旅途中，通过网络等途径，获得旅游目的地的相关信息，这些信息包括旅游资源、市场信息、旅游服务质量和类别等。这些旅游信息，为旅游者提供出游决策。通过智慧旅游体系，人们可以获得更为完备的信息，因而能够货比三家，在信息透明的情况下，人们可以个性化地安排自己的旅游行程。在旅游目的地，旅游者不必拘泥于以往的团队式旅游（行程固定，灵活性较差），可以通过选择，自己来安排旅游行程。对旅游者而言，这种旅游活动完全是依照自己的意愿定制的，因而更具有自主性，这可以提高人们对旅游活动的认可和满意度。在获取足够充分的信息后，人们可以进行预订，传统的营销和预订较为麻烦，而通过网上预订，信息较为透明，支付比较方便。旅游者来到旅游目的地后，可以直接开展旅游活动，避免了排队购票、查阅信息等时间的浪费，对各种信息已然成竹在胸，可以尽情享受自己的个性化旅游。同时，智慧旅游系统及时地发布目的地、酒店、景区等相关信息，人们可以根据自己的需要选择性地开展旅游活动，也可以避免景区的“拥堵”现象，实现人流疏导。

在旅游过程中，智慧旅游可以实现四个功能：导航、导游、导览和导购。

1．导航

导航是将位置服务嵌入旅游信息中，借助如全球定位系统导航、基站定位、无线网络定位、无线射频识别技术定位和地标定位等技术，实现智能终端设备与网络和位置服务的连接，旅游者可以通过智能终端设备为自己随时随地进行定位。基于此，在旅游过程中，旅游者可以随时获得自身位置信息，引导自身行为，从而有利于缓解旅游者在异地开展旅游活动时的陌生感和紧张心理；通过位置服务，旅游者能够获得相关的路线图、距离和时间等信息，从而为自我行程提供建议。

2．导游

旅游者来到旅游目的地后，其旅游活动不仅仅限于旅游景区，同时还会参加一些其他的活动，如观看演出、逛街等，因此需要了解自身周边有哪些酒店、景区、旅行社、银行等信息。智慧旅游能够精确地为旅游者提供这些信息，从而便于旅游者做出决策，即智慧旅游不仅仅限于旅游活动，凡是与旅游相关的活动，都应当成为智慧旅游发展的重要内容。

3．导览

旅游者到达某一旅游目的地进行旅游活动，在某一个旅游景点，需要了解的相关资料，如景点的内容，即导游在旅游活动中所讲解的内容，可以通过智能设备便捷地获得，从而实现设备导游而非现实中的人员导游。

4．导购

旅游消费的过程中，智慧旅游应当提供充分的信息，供旅游者进行选择。例如，旅游者在选择酒店时，需要知道酒店的星级、顾客评价、发展历史、价格、优惠政策等，这些信息应当与在实体酒店中所了解到的是同等的，从而保证消费者的知情权，进而使得交易能够正常进行。

导航、导购、导游、导览的功能集成能够真正实现旅游者在旅游过程中的自主化。

在旅游结束后，旅游者一般会进行信息反馈。就反馈信息的内容而言，可以分为两个方面。其一，旅游心得分享。旅游者会分享旅途中所遇到的新奇事件，获得的满意服务，看到的奇特景观。其分享的是一种愉快的超乎寻常的体验，因而能够将此正面信息传递给他人，使得旅游要素的品牌和形象得以强化，从而使旅游目的地吸引到更多的游客。其二，对旅游中存在的一些需改进三处，也会向公众传播，这种传播将使更多的人得以知晓。这在无形中会促使旅游企业提高服务质量，规范自身行为，由此逐步提升自身品牌形象，从而扩大知名度，提高美誉度。同时，反馈的信息也可能是一些投诉建议，智慧旅游作为一种系统、平台和渠道，既为旅游管理提供便利，也为旅游者权利保障提供法律和技术支撑。旅游主管部门应当充分利用智慧旅游的功能价值，解决旅游中的主体问题，从而优化智慧旅游的发展环境。

（二）旅游企业

1. 提供产品

智慧旅游丰富了产品的形态。传统的旅游产品过于单一，其主要局限于一般的旅游线路产品，如观光旅游产品、度假旅游产品、旅游景区和旅游酒店等内容。这些产品基本上处于旅游的初级阶段，只能满足基本的需求，产品的形态不够丰富，人们的个性化需求不能得到有效满足；同时，在经营管理的过程中，出于成本利润的考虑，个性化和定制化的旅游产品并不多。智慧旅游的出现，高科技的应用使得旅游景区、旅行社等对旅游产品的开发力度加大，产品形态逐渐丰富，人们借助智慧旅游，更能使自身的需求得以满足，因而在一定程度上促进旅游产品的多向发展。同时，智慧旅游也拓宽了旅游的销售渠道，传统的营销和促销被逐渐地放大。智慧旅游将旅游产品搬到线上进行销售，旅游者更易获得。微博、微信、微电影等的出现，加上智能设备的广泛应用，使得人们接触的新媒体增多，而在新媒体上进行旅游产品的销售，并引入智慧旅游，可以极大地拓宽产品的销售渠道。

2. 展示形象

智慧旅游拉近了旅游企业与旅游者之间的距离，也为旅游企业展示形象提供了更好的平台。智慧旅游的运用，智能终端的使用使得旅游信息的发布更为快速和频繁。旅游企业可以通过产品来展示自身的形象，产品的多样化、个性化、人性化、标准化、人文化和科技化等成为旅游企业展示自身的一个重要途径。通过了解产品，人们可以了解旅游企业的经营方向和发展理念，形成对旅游企业的良好印象。自觉履行社会责任的企业将会赢得政府和社会的青睐。政府在推动智慧旅游发展过程中对其宣传，展示企业的优质产品、企业文化、经营理念等，通过正面宣传强化其在公众心目中的良好形象，既能在行业中起到模范与示范作用，又能进行免费宣传。旅游企业也可以通过旅游者展示形象。旅游企业为旅游者提供优质的产品和服务，得到旅游者的赞赏，旅游者在游览后会将旅游中的感受分享给他人，通过滚雪球效应不断强化企业在人们心目中的美好形象。

3. 节约成本

臃肿的组织结构使得企业在经营的过程中成本增加，运行起来举步维艰，而智慧旅游的应用能为企业节约成本。首先，旅游企业能通过网络获得旅游者的信息和需求，进而根据需求制定产品、价格、促销和渠道策略，从而避免以往进行市场调查持续时间长、耗费人力多、成本开支大的弊端；同时，在产品销售的过程中，通过网络进行智能化销售，运用机器设备实现销售水平的提升，从而节省人力资本。其次，在信息的保存上，将企业信息进行云存储，随时更新随时应用，由机器进行管理，易于保存，不易损坏，取用方便。既节省人力物力，又避免资源的浪费，同时还能实现企业的低碳化运营。最后，发展智慧旅游还能降低资金成本。以往的物资采购费用，费用等交通是企业一笔不小的开支，并且这种开支的发生频率高，而智慧旅游的应用将实现企业的虚拟化采购，从而极大地节约成本。

4. 优化企业管理

企业在管理过程中需要依托较多的技术和设施设备，传统管理中的较多方法和实践是粗放型的，管理起来困难而庞杂。比较明显的例子是信息调用困难，如客户信息的管理、财务状况的记录，这些信息和资料通常以笔记的形式记录，储存量较大，修改、保存、查找和取用困难，为了调用一项信息或数据会花费较长时间，并且时常容易出错。智慧旅游建设运用云计算等技术，实现企业数据集中管理，将存储和计算等网络化、系统化、实时化、智能化，实现数据和信息应用的便捷化。这样既提高了企业的信息化水平，又提高了其经营运作效率，还推动了企业的标准化建设。

5. 转型升级

智慧旅游的发展建设将促进旅游业的转型升级。首先，旅游市场由线下转变为线上线下相结合，智能设备与移动互联网的无缝对接使得人们更加便捷地利用智能设备，实现旅游产品的网上购买。其次，推动旅游产品优化升级。传统的旅游产品只能满足旅游者的基本需求，然而，随着智慧旅游的应用，旅游产品会向着科技化、人文化、个性化的方向发展，使得旅游产品更具文化内涵。智慧旅游的发展将调整产业结构、优化旅游方式，从而促进旅游业的转型升级。

（三）旅游主管部门

旅游主管部门进行智慧旅游建设，主要体现在两个方面：一方面是内部体系的建设，如智慧办公体系；另一方面是外部体系的建立，如智慧旅游公共服务体系的构建等。无论是外部还是内部智慧体系的建设，无非要达到两个目的。

首先，实现智慧政务处理。旅游业发展涉及较多行业和要素，在发展的过程中，政府管理部门有烦琐的工作需要处理，旅游行政管理部门在业务处理的过程中同样存在着提高效率等现实诉求。智慧政务的建设能够使得相关的管理和服务工作随时随地进行，不仅节省人力、物力和财力，还有利于提高办事效率。

其次，推进旅游的公共服务体系建设。这是创建服务型政府的体现。通过智慧旅游体系，及时将相关的政策、法律和规范等公之于众，使人们了解相应的法律法规，因而能够使得行业运作更加透明；同时，及时地将旅游行业信息予以公布，使得旅游者和旅游企业自觉规范自身行为，能够有效地促进行业的自我管理。因此，旅游主管部门推动智慧旅游发展建设的着眼点和落脚点是推动行业发展、助力行业监管和提供公共服务。

具体来说，智慧旅游的发展将从以下方面促进旅游行业管理。

1. 行业统计

通过位置服务和网络服务获得旅游相关的各类信息，对旅游者的行为特征进行分析。例如，对于某一类型的旅游景区，其旅游者的共同特征是什么，该类旅游活动表现出什么样的发展趋势等。

2. 需求采集

市场交易主体能够进行动态的双向的信息交流。通常情况下，需求决定供给，旅游者将其对产品的需求通过智慧旅游体系反馈给管理者，管理者据此引导旅游市场的发展，进而有针对性地提供产品和服务。

3. 预警预报

旅游市场具有敏感性和脆弱性，容易受到各类因素的影响，智慧旅游的建立，能够及时地反映市场动态，便于旅游管理部门见微知著，从而及时采取措施，引导行业的健康发展。此外，在旅游活动中，遇到突发事件、出现险情时，可以通过智慧旅游体系获得救助，全面高效的救助体系能够在第一时间做出反应，从而及时解决危机。同时，旅游主管部门可以通过智慧旅游体系，发布潜在的危险信息，旅游者经由智能终端设备获得这些信息，从而及时地采取预防措施，减少不必要的损失。

4. 监督管理

旅游者和社会大众在透明的信息网络下，在便捷的智慧旅游体系下，可以及时地将旅游过程中旅游企业的不良行为公之于众。大众的监督管理可以督促旅游企业约束自身行为，从而促进旅游企业的规范化运营。

5. 投诉处理

旅游业在发展中经常存在着各类的投诉事件。旅游者在旅游中处于劣势地位，因而较多的旅游者在权利受到侵害后，没有采取相应的措施加以维护，为了保证旅途的顺利进行而选择忍气吞声。智慧旅游的出现使得投诉更为便捷，投诉的处理能力也得以增强。因而，智慧旅游的建立将会极大地提升旅游投诉处理效能。

6. 科学决策

智慧旅游的“智慧”能够生成优秀的决策方案，进而促进旅游主管部门做出科学的决策，促进旅游业的持续健康发展。

（四）旅游业创新发展

1. 为不同主体进行智慧旅游发展建设提供理论支撑与实践指导

当前，智慧旅游建设主体主要有政府和企业，政府主要从公共服务视角建设智慧旅游目的地，在顶层设计中明确规范做出指导；企业则主要围绕自身发展需求，有针对性地发展建设智慧旅游项目。统筹政府和企业两方需求，明确各自的任务和职责，能够理顺智慧旅游发展建设的逻辑思路，在此基础上为政府和企业进行智慧旅游发展建设提供理论依据和实践借鉴。

2. 为智慧旅游发展建设对象提供切实可行的对策建议

从旅游要素或旅游目的地来看，智慧旅游发展建设的对象主要包括智慧景区、智慧酒店、智慧旅行社、智慧旅游目的地等，其中尤以智慧景区和智慧旅游目的地的建设较为普遍。在发展实践中，不同景区进行智慧旅游发展建设的思路、过程、项目、路径并不相同，分析并明确不同要素或旅游目的地进行智慧旅游建设的逻辑思路和体系框架，能够在既定条件下发挥智慧旅游的最大效力。从智慧旅游功能要素和框架体系来看，当前智慧旅游发展建设主要集中于微信、二维码、网络覆盖、旅游网站、综合数据库、线上商务平台、智能监控系统、智能门禁系统、安全预警系统、自动化办公体系、客房多媒体系统等内容。同时，依据建设难易程度、成本投入大小、应用轻重缓急等实际情况，智慧旅游建设往往是不成体系的，甚至是碎片化的。将这些零散的建设思路整理成现实可行且能持续发展的路径和发展步骤，能够从长远上保障智慧旅游发展建设的内容、体系、规模、步骤，并最终推动智慧旅游发展建设整体水平的提升。

3. 为智慧旅游发展建设的路径选择提供现实依据

作为旅游业发展的重要推动力量，政府和企业看到了智慧旅游的功能作用及隐藏在背后的商业价值，于是，许多地区开启智慧旅游发展建设。殊不知，智慧旅游发展建设不可一蹴而就，而是一个庞大、系统的工程，在建设中需要投入巨大的人力、物力和财力。在经济社会发达、旅游市场旺盛的区域，发展智慧旅游或许能够解决旅游业发展的许多问题，同时对建设主体本身也不会造成负面影响，因此，智慧旅游建设无可厚非。各地区、各主体应当结合自身实际，选择与之相适应的智慧旅游发展路径，如通过分期建设，明确智慧旅游功能需求的轻重缓急，有规划、有重点、有策略地发展智慧旅游建设，将能持续推动智慧旅游健康发展，并充分发挥智慧旅游的优势。

4. 为新常态下智慧旅游发展建设提供新思路

当前，中国旅游业面临转型升级的新常态，包括大数据、产业融合、技术应用、在线交易、区域一体化等，智慧旅游的发展建设应当结合新常态、顺应新形势，在新常态下集聚新理念、新功能，进而丰富完善智慧旅游功能要素和体系架构，促进智慧旅游在动态变化的社会环境和市场环境中的稳步发展。

智慧旅游的发展建设在旅游者、旅游企业和旅游行政管理三个方面既有着共同的内容和需求，又有着不同的内容和需求，但最终都能通过智慧旅游的发展建设推动中国旅游业的优化升级。智慧旅游的发展建设需要旅游业产学研界的共同发力，只有进行整体建设和联动发展，才能实现智慧旅游体系的全面构建。

二、社会价值

（一）智慧旅游服务社会的优势

1. 政策优势

文化和旅游部明确旅游信息化的重要作用，提倡运用现代信息技术提升旅游业的战略地位和发展水平，从政策层面上，政府的支持能够促进智慧旅游的发展；同时，智慧旅游也能实现必要的社会功能。国家从政策角度出发，一方面要提升旅游业的整体发展水平，另一方面则要提升其社会服务能力，因而智慧旅游服务社会具有政策上的优势。

2. 资源优势

旅游是一个复杂的综合体，涉及不同的行业，其发展有赖于资源的富集。单一行业如景区和旅行社等资源有限，在服务社会方面能力不足，并且不易与其他行业产生联动。旅游业则是一个综合性的行业，其发展涉及交通、餐饮、住宿、卫生、工商、公安等部门，只有具备了相关的信息和资源，旅游业才能健康发展。智慧旅游体系对这些部门的信息和资源进行整合，其具备的优势资源是服务公众的主要内容。

3. 技术优势

旅游业原本是一个社会性和文化性较强的行业，当今旅游业的发展主要是从经济学的角度展开，然而随着智慧旅游的发展，必然要实现现代科学技术在旅游业的应用，将原本应用于社会服务的技术如遥感技术、互联网技术、云计算技术和移动通信技术等应用到旅游行业中，使得旅游业发展拥有了各种现代技术。科学技术和行业发展的需要使得相关技术的研发和应用增多，因而引发了新技术的产生和发展。旅游行业具备较高的技术水平，其在服务社会的过程中，自然就更加具备了技术优势，将旅游行业技术运用到社会中，或者通过在旅游业中运用现代技术，为社会发展服务，这本身就是智慧旅游服务社会的技术优势。

4. 传播优势

旅游活动的多样性决定了旅游行业的综合性，旅游业对信息的整合与传播具有较高的要求。大众旅游的到来，自助游的兴起使得人们对信息获取的需求增加，智慧旅游体系能够高效便捷地满足人们的信息需求。其对信息传播具有较高的要求，各类信息在相互差别的行业、受众和环境中进行传播，使得智慧旅游必须具备完备的信息传播渠道。智慧旅游在服务社会的过程中，可以充分利用其完备的信息体系架构，实现信息的高效传播。及时高效的信息传播体系能够方便人们的生活，从而实现智慧旅游服务社会的功能。

5. 生态优势

智慧旅游服务社会主要体现的生态优势：从经济发展的角度，旅游业是无烟工业，是现代服务业的范畴，其发展能够促进经济水平的提升；从文化传承的角度，旅游发展能够促进社会先进文化的保护和传承；从生态保护的角度，旅游发展是文明发展，能够促进生态环境的保护。智慧旅游从建设到运营，整个过程体现着生态优势：就建设而言，基础设施和智能设备的建设和使用能够有效地避免房屋、土地和空间等资源的浪费，减少其对生态环境的破坏；就运作而言，智慧旅游体系在建成后能够多次重复利用，通过运用现代技术，使得原本复杂困难的人力劳动由机器完成，从而减少行业运作中人、财、物的浪费，进而节约社会成本，实现低碳化发展，其符合资源节约型和环境友好型社会的发展战略。将智慧旅游的生态优势加以运用，能够实现社会服务的可持续发展。正是由于智慧旅游在社会服务方面，同其他要素相比具有政策优势、技术优势、传播优势和生态优势，所以智慧旅游的发展迎合了当代社会发展的主旋律，因而得到各地的认可，从而实现了其快速发展。

（二）智慧旅游服务社会的路径选择

1. 智慧旅游服务社会的结构模型

智慧旅游服务社会从服务旅游行业开始，由于旅游活动具有综合性，旅游者在信息咨询、交通导航和水电需求等方面与居民日常生活具有较大的相似性，居民能够经由智慧旅游设施设备获得信息咨询、交通导航等相关服务。同时，行政管理部门能够通过智慧旅游体系实现社会管理。因此，智慧旅游体系具备了服务行业发展、社会管理和公众生活这三方面服务职能。随着信息技术的发展和社会文明的进步，智慧旅游体系将进一步融入社会生活，为社会提供服务。

2. 智慧旅游服务社会的举措

（1）加强政策引导，促进规范发展

首先，由政府制定智慧旅游体系发展的战略方针，以法的形式规范智慧旅游的发展，避免盲目建设和雷同开发；其次，对智慧旅游体系建设中的重大项目，政府从人才资源、金融信贷和部门协调等方面给予支持；再次，旅游发展，规划先行，在智慧旅游建设前，制定科学的规划，按照规划思路，科学有序地推进智慧旅游建设；最后，对智慧旅游建设项目进行实时跟踪、监测和评估，动态调整智慧旅游的发展进度，对其中产生的偏差予以纠正，使智慧旅游适应经济社会和技术环境的改变。

（2）加快技术研发，落实行业应用

就技术的研发而言，主要包括三层：社会层、行业层和要素层。社会层是指整个社会大环境中的现代技术，如云计算、遥感技术和移动通信技术等，其在社会中的广泛应用是智慧旅游发展的技术基础；行业层是指旅游行业中的现代技术，如虚拟旅游、旅游软件等，其为智慧旅游发展的中坚技术；要素层则是在旅游行业具体要素范围内的技术，如电子票务系统、数码客房服务系统等，其为智慧旅游的核心要件。无论何种技术层面，只有加强研发，并运用到发展实践中，才能提升智慧旅游服务社会的能力。

（3）加强资源整合，提供信息基础

资源整合的程度可以分为横向的拓展和纵向的延伸：在横向上，由旅游行业向相关行业再到周边行业逐步拓展，拓宽智慧旅游服务社会的范围；在纵向上，将特定服务不断挖掘、深化，提升智慧旅游服务的水平和质量。通过横向和纵向的充分整合，实现信息资源的存储、运算和传播。同时，依托智慧旅游设施设备和个人移动终端，实现智慧旅游服务社会的泛在化。

（4）加大投入力度，注重能力建设

智慧旅游建设是一个系统的工程，需要巨大的人力、财力和物力投入，较少的投入只能集中于某点或某种能力的建设，远远不能实现智慧旅游的总体目标；只有加大投入力度，注重智慧旅游服务社会的能力建设，才能实现投入产出的最大化。当然，加大投入力度的同时应当遵循的原则：①把握全局，突出重点，对智慧旅游的核心能力进行建设。②明确思路，循序渐进。智慧旅游的建设不是一蹴而就的，而是一个逐渐丰富和完善的过程，只有循序渐进，才能稳步发展。③综合考虑，量力而行。不同区域经济、社会、文化和环境各不相同，在发展智慧旅游时应当综合考虑区域现状，根据当地需求制定发展战略。

（5）加紧功能转换，实现转型升级

在发展初期，智慧旅游主要服务于旅游行业，随着技术的进步、应用的普及、功能的增强，智慧旅游将逐渐由服务旅游转变为服务社会，其主要表现为：服务对象的扩大，由服务旅游者、旅游企业和旅游管理部门向服务社会大众转变；服务范围的拓展，由智慧酒店、智慧餐饮、智慧交通等逐步扩展到智慧社区、智慧教育、智慧医疗等；服务功能的完善，由旅游功能逐步向休闲功能、信息功能、文化功能和传播功能等一体化转变。智慧旅游体系功能的转换将会实现其服务对象、范围和内容的转型升级。

智慧旅游不仅是现代科学技术在旅游业的具体应用，同时也是一种专业能力。这种能力首先体现在服务旅游行业发展上，通过智慧旅游，转变旅游业发展方式，提升发展质量。由于旅游业具有综合性，智慧旅游在发展的同时，必然向服务社会转变，并且随着技术的更新，社会的进步和经济的发展，智慧旅游服务社会的能力将会进一步得到加强和体现。当前，智慧旅游发展主要服务于旅游业，但其仍然具有服务社会的功能和路径；只有加强政策引导，加快技术研发，加深资源整合，加大投入力度，加紧功能转化，才能使得智慧旅游既能促进旅游业发展，又能服务于社会进步，在实现旅游业可持续发展的同时，实现智慧旅游社会效益的最大化。

第二章

智慧旅游实现技术

第一节　物联网技术

一、技术简介

物联网，简而言之，就是物物相连的互联网，目前对于物联网并没有一个统一的定义，比较公认的概念是在计算机互联网的基础上，利用射频识别、红外感应器、全球定位系统、激光扫描器、气体感应器等信息传感设备，按约定的协议，把任何物品与互联网连接起来，进行信息交换和通信，以实现智能化识别、定位、跟踪、监控和管理的一种网络。其中包含两层意思：其一，物联网的核心和基础仍然是互联网，是在互联网基础上的延伸和扩展的网络；其二，其用户端延伸和扩展到了任何物品与物品之间，进行信息交换和通信，也就是物物相息。物联网通过智能感知、识别技术与普适计算等通信感知技术，广泛应用于网络的融合中，也因此被称为继计算机、互联网之后世界信息产业发展的第三次浪潮。

二、物联网的关键领域

（一）射频识别技术

射频识别技术又称无线射频识别，是一种通信技术，可通过无线电信号识别特定目标并读写相关数据，而无须识别系统与特定目标之间建立机械或光学接触。因此，射频识别技术也是一种传感器技术。射频识别技术是融合了无线射频技术和嵌入式技术为一体的综合技术，从概念上来讲，射频识别类似于条码扫描，对于条码技术而言，它是将已编码的条形码附着于目标物并使用专用的扫描读写器，利用光信号将信息由条形磁传送到扫描读写器；而射频识别技术则使用专用的射频识别读写器及专门的可附着于目标物的射频识别标签，利用频率信号将信息由射频识别标签传送至射频识别技术读写器。射频识别系统最大的优点是非接触识别，它能穿透雪、雾、冰、涂料、尘垢和条形码无法使用的恶劣环境阅读标签，并且阅读速度极快，大多数情况下识别时间不到100毫秒。

（二）无线传感器网络

无线传感器网络是一种分布式传感网络，它的末梢是可以感知和检查外部世界的传感器。WSN中的传感器通过无线方式通信，因此网络设置灵活，设备位置可以随时更改，还可以跟互联网进行有线或无线方式的连接。WSN是通过无线通信方式形成的一个多跳自组织网络。

（三）M2M

M2M是Machine to Machine的简称，是一种以机器终端智能交互为核心的、网络化的应用与服务。它通过在机器内部嵌入无线通信模块，以无线通信等为接入手段，为客户提供综合的信息化解决方案，以满足客户对监控、指挥调度、数据采集和测量等方面的信息化需求。

（四）两化融合

两化融合是指以信息化带动工业化，以工业化促进信息化。其核心理念是以信息化为支撑，追求可持续发展模式，其最基础的传统技术是基于短距离有线通信的现场总线的各种控制系统。

三、在旅游业中的应用

（一）停车场管理

景区停车场需要大量工作人员进行监控，且由于场地有限，很容易导致拥挤堵塞。而通过利用射频识别技术实现人员和车辆的出入控制，可以提高停车场的使用效率，减少停车场的人力成本，实现停车收费自动化。同时配合智能视频监控，实时监控车辆和人员出入，可以保障安全。

（二）旅游交通一卡通

旅游交通一卡通采用射频识别技术的非接触式 IC 卡，用以实现支付交通费用方面的功能。该系统是以统一发行的射频识别卡作为各种交易费用的支付介质，利用先进的计算机网络、自动控制、信息处理、通信等技术建立的以卡发行、消费、结算为基本业务的应用系统。

（三）景区电子票务

景区电子票务俗称无纸化电子票，具体是指集售票、管理、财务、验票于一体的综合性票务管理系统。使用该系统可以有效节省景区工作人员的时间，从而提高工作效率，满足在线订票客户的需求，使其可以随时随地购买门票。利用射频识别技术大批参观者可以快速入场；嵌入射频识别芯片的门票还可以实现防伪功能。

第二节　云计算技术

一、技术简介

云计算是基于互联网的相关服务的增加、使用和交付模式，通常涉及通过互联网来提供动态的易扩展且经常是虚拟化的资源。目前较为普遍接受的定义是美国国家标准与技术研究院给出的定义：云计算是一种按使用量付费的模式，这种模式提供可用的、便捷的、按需的网络访问，进入可配置的计算资源共享池（资源包括网络、服务器、存储、应用软件、服务），这些资源能够被快速提供，只需投入很少的管理工作，或与服务供应商进行很少的交互。云是网络、互联网的一种比喻说法。

过去在图中往往用云来表示电信网，后来也用来表示互联网和底层基础设施的抽象。云计算本质是弹性的在线 IT 服务，它并不是一种新技术，而是将计算、存储能力作为服务出售的模式。

二、在旅游业中的应用

（一）提升运营效率

利用云计算，能根据旅客消费记录及相关大数据，在旅客购票时推荐增值服务或打包产品，在提升增值服务收入的同时增强旅客黏性。利用手机、平板等移动终端获取旅客的地理位置，并为其提供基于情景化的个性体验，如旅客在候机室时推荐其可能感兴趣的百货商品促销信息。此外，旅客自助值机、获取电子登机牌、打印行李标签等，都可以用智能终端连接云端来完成。

（二）精准营销

云技术能把分布的旅客乘机历史、网络和移动行为信息（包括购票渠道、支付和值机方式等）、电子邮件数据和客服信息进行整合，建立统一视角以更好地了解旅客需求。如某航空利用云技术整合旅客各方面的信息，呼叫中心销售代表在为旅客服务时，不仅能了解旅客的消费记录，还能掌握旅客习惯的购票渠道、是否习惯靠窗座位等行为偏好，甚至是否曾经打开过公司的营销邮件等，以便向旅客推销最适合的产品和附加服务，这样不仅能提升旅客忠诚度，还能增加附加服务收入。

（三）提供旅游公共信息

某市旅游公共服务大会启动“旅游云”试运行。市民只要下载“市民云”APP，在“旅游云”空间里，不仅能够得到关于上海吃、住、行、游、购、娱的精准化旅游公共信息，同时可根据自身感受实名评价。该市还建设开通了旅游大数据中心，汇集和发布全市旅游行业信息和涉旅城市信息，实时发布的 A 级旅游景区、重要旅游节庆活动、旅游休闲度假区信息，景区天气实况、高空观景能见度及出游指数都将为游客提供靠谱的出行指南。

（四）存储旅游资源信息

利用云计算技术，打造旅游信息云平台，此平台主要用于存储海量的旅游资源信息，并根据这些信息建立多维度、面向不同应用需求的数据中心和数据仓库。此平台可以为涉旅企业和地方管理部门提供信息存储、处理、展示和应用的业务。

第三节　虚拟现实技术

一、技术简介

（一）虚拟现实

虚拟现实技术（Virtual Reality，VR）是一种可以创建和体验虚拟世界的计算机仿真系统，它利用计算机生成一种模拟环境，是一种多源信息融合的交互式三维动态视景和实体行为的系统仿真。该技术可以让用户使用人的自然技能对虚拟世界中的物体进行观察或操作，同时提供视、听、触等多种直观而又自然的实时感知。

虚拟现实技术主要包括模拟环境、感知、自然技能和传感设备等方面。模拟环境是由计算机生成的、实时动态的三维立体真实图像。感知是指理想的 VR 应该具有一切人所具有的感知。除计算机图形技术所生成的视觉感知外，还有听觉、触觉、力觉、运动等感知，甚至包括嗅觉和味觉等，也称为多感知。自然技能是指人的头部转动、眼神、手势或其他人体行为动作，由计算机来处理与参与者的动作相适应的数据，对用户的输入作出实时响应，并分别反馈到用户的五官。传感设备是指三维交互设备。

在虚拟现实系统中，环境主要是计算机生成的三维虚拟世界，这种人机交互的环境通常包括三种情况：完全对真实世界中的环境进行再现；完全虚拟是人类主观构造的环境，对真实世界中人类不可见的现象或环境进行仿真，这种环境是真实环境，是客观存在的，但是受到人类视觉、听觉的限制而无法被感应。

（二）增强现实

增强现实（Augmented Reality，AR）是一种实时地计算摄影机影像的位置及角度并融合相应图像的技术，这种技术的目标是把虚拟信息直接投射到真实环境中，让两者看起来“无缝”融合。这种技术不仅展现了真实世界的信息，而且将虚拟的信息同时显示出来，两种信息相互补充、叠加。增强现实技术包含了多媒体、三维建模、实时视频显示及控制、多传感器融合、实时跟踪及注册、场景融合等新技术与新手段。AR 区别于 VR 和其他交互方式的最根本特点是尊重和保留现实场景。它有三个特性，一是互动性和参与感，让现实场景与信息、经验、思维、想象力融合；二是实时性，因为现实场景是实时的、当下的，AR 技术打破了时间和空间对信息的阻隔；三是成本低、体验好。

二、在旅游业中的应用

（一）虚拟游览

虚拟游览指的是建立在现实旅游景观基础上，利用虚拟现实技术，通过模拟或再现实景，构建一个虚拟的三维立体旅游环境。网友足不出户，就能在三维立体的虚拟环境中遍览遥在万里之外的风光美景，形象逼真，细致生动。通过虚拟旅游，不仅可以扩大旅游景点的影响力，达到吸引游客的目的，而且能够为没有条件到达旅游景点的游客提供一个空间。虚拟游览不受时间、空间、经济条件、环境条件的限制，可以满足游客游览和审美的需求。

（二）旅游场景再现

利用虚拟现实技术可以真实再现已经不存在的景观。如通过重现古代社会的建筑文明，人们可以徜徉于古建筑之间，欣赏到千年前古建筑的原貌，感受古代文明的辉煌，具有景观珍藏的意义，而对于喜欢探幽寻古的游人来说，这也是难得的视觉享受。

（三）景区保护

将虚拟现实技术引入景区保护领域中，可以实现对景区的保护。虚拟现实可以缓解这些景区经济效益与文化遗产保护的矛盾。由于有人数限制，景区可以制作数字化的参观方式，合理避开游客对景区的伤害，如故宫博物院利用虚拟现实技术对景区进行保护。紫禁城后半部分是皇帝居住和生活的地方，很多庭院、通道、房间内部都很狭小，有些房间内部陈设很多，为了保护文物和观众的安全，无法对外开放。因此，许多很有参观和研究价值的地方，许多发生过重大历史事件的场景，都被封闭着，无法与游客见面。而利用虚拟现实技术，不仅可以对文物进行很好的保护，而且可以跨越时间和空间的限制，再现历史场景，进入那些由于条件限制而不能进入的地方，使每一件文物回到它们的历史位置。

（四）展示文物古迹

利用虚拟现实技术，结合网络技术，可以将文物的展示、保护提高到一个崭新的阶段。首先要将文物实体通过影像数据采集手段，建立起实物三维或模型数据库，保存文物原有的各项形式数据和空间关系等重要资源，实现濒危文物资源的科学、高精度和永久的保存。其次利用这些技术来提高文物修复的精度和预先判断、选取将要采用的保护手段，同时可以缩短修复工期。通过计算机网络来整合统一大范围内的文物资源，并且通过网络在大范围内利用虚拟技术更加全面、生动、真实地展示文物，从而使文物脱离地域限制，实现资源共享，真正成为全人类可以“拥有”的文化遗产。

（五）旅游宣传

旅游网站、旅行社网站通过虚拟旅游视景系统的建立，可以使游客对现有旅游景观进行虚拟旅游，游客可以全景式地了解风景区概貌，以及更直观地了解各景点地形地貌以及旅游线路。这既宣传了旅游资源又方便了消费者，从而起到预先宣传、扩大影响力和吸引游客的作用。通过虚拟三维景区建立及网络发布对旅游区进行科学的模拟和演示，将景区从二维“抽象”到三维影像，加速游客对风景区的认识。刺激旅游动机，引导旅游客流，实现旅游增效。

第四节 移动互联网技术

一、蓝牙

（一）技术简介

蓝牙是一种开放的短距离无线通信的技术规范，可在世界上的任何地方实现短距离的无线语音和数据通信，而且功耗和成本都相对较低。蓝牙技术最初的目标是取代现有的掌上电脑、移动电话等各种数字设备上的有线电缆连接，蓝牙可连接多个设备，克服了数据同步的难题。由于蓝牙体积小、功率低，其应用已不局限于计算机外设，几乎可以被集成到任何数字设备之中，特别是那些对数据传输速率要求不高的移动设备和便携设备。

（二）在旅游业中的应用

1. 蓝牙室内定位

蓝牙的工作原理是通过蓝牙技术测量信号强度来进行定位，主要应用于小范围定位。在室内安装适当的蓝牙局域网接入点，把网络配置成基于多用户的基础网络连接模式，并保证蓝牙局域网接入点始终是这个微微网的主设备，就可以获得用户的位置信息。理论上，对于持有集成蓝牙功能移动终端设备的用户，只要设备的蓝牙功能开启，蓝牙室内定位系统就能够对其进行位置判断。采用该技术作为室内短距离定位时容易发现设备，且信号传输不受视距的影响。其不足在于蓝牙器件和设备的价格比较昂贵，而且对于复杂的空间环境，蓝牙系统的稳定性较差，受噪声信号干扰大。

2. 追踪行李牌

利用蓝牙定位技术，已有公司打造了一款无线蓝牙技术的防丢产品——智能行李牌。此产品可捆绑于任何需要定位的物品上，可在一定空间内帮助人们搜寻，然后即刻确认物品所在位置，使用方便。APP的主页面会自动链接行李牌，开始定位物品，让手机和物品之间建立一个蓝牙链接，一旦物品距离超过顾客设定范围，智能行李牌就会发出温馨提示，从而提升旅途品质，用创新科技让旅行更安全。

二、NFC

（一）技术简介

NFC（Near Field Communication）即近场通信技术，是由非接触式射频识别技术及互联互通技术整合演变而来的，可以在移动设备、消费类电子产品、PC和智能控件工具间进行近距离无线通信。

（二）在旅游业中的应用

1. 标签读取

最简单的NFC应用就是识别和阅读宣传广告、行李和其他设备上的标签，很多设备目前都提供NFC功能。在单一芯片上结合感应式读卡器、感应式卡片和点对点的功能，能在短距离内与兼容设备进行识别和数据交换。

2. 便捷登机

NFC能为旅游业带来切实的好处，如机场的NFC读卡器使得乘客只需将手机放在读卡器上，读卡器就能自动读取登机牌的信息，然后乘客就可以直接登机而无须在手机上预先安装APP，甚至还省去了开机的麻烦。

3. NFC移动支付

NFC移动支付是指消费者在购买商品或服务时，即时采用NFC技术，通过手机等手持设备完成支付，是一种新兴的移动支付方式。支付的处理在现场进行，并且在线下进行，不需要使用移动网络，而是使用NFC射频通道实现与POS收款机或自动售货机等设备的本地通信。NFC近距离无线通信是近场支付的主流技术，允许电子设备之间进行非接触式点对点数据传输来交换数据。

三、GPS

（一）技术简介

GPS（Global Positioning System）即全球定位系统，是一种具有全方位、全天候、全时段、高精度的卫星导航系统，能为全球用户提供低成本、高精度的三维位置、速度和精确定时等导航信息，是卫星通信技术在导航领域的应用典范，极大地提高了当今社会的信息化水平，有力地推动了数字经济的发展。GPS可以提供车辆定位、防盗、反劫、行驶路线监控及呼叫指挥等功能。

（二）在旅游业中的应用

1. 获得旅游位置信息

GPS定位是结合了GPS技术、无线通讯技术、图像处理技术及GIS技术的技术。现实生活中，GPS定位主要用于对移动的人、物、车及设备进行远程实时定位监控。GPS定位的优势是即使在接收不到电信运营商网络信号的情况下也可以利用GPS卫星进行无线定位。

手持GPS定位系统有野营郊游、户外探险、自助旅游等野外定点导航记录的功能，且全天候不受阴天黑夜、雨雪风霜等恶劣天气的影响，为徒步旅行者、户外探险者提供精准定位服务。

2. 旅游路线规划与导航

（1）车载户外旅游导航

用户可以使用车载导航搜索前往的目的地，导航系统便会根据设定的起始点和目的地，自动规划一条路线，当用户没有按规划的路线行驶，或者走错路口的时候，车载导航系统会根据现在的位置，重新规划一条新的到达目的地的路线。用户无须常看导航界面，听音即可辨路，行车更安全、更高效，充分满足了自驾游和户外爱好者的全面需求。

（2）GPS旅游智能导航

Locatify公司依托GPS定位技术，研发了GPS旅游导航平台——SmartGuide（智能导航）。SmartGuide是一个自动的语音导航，它自带GPS用的自定义地图、Google地图和每个目的地的精彩图像。某种程度上，SmartGuide像是一本带有特定区域语音导航功能的有声交互书籍。根据位置，导航会讲周围环境的一些细节。GPS会触发讲述、照片以及地图的显示。

（3）旅游景区车辆调度

GPS车辆调度系统是利用GPS技术、电子地图技术，提供对景区内车辆的监控、调度、导航等功能。车辆监控由运行于服务器上的监控中心软件实现，功能主要有实时监控、动态断点查询、动态范围查询、发送指令等。景区管理人员可通过监控中心，对景区内车辆进行全程监控，此系统可实时显示车辆所在的位置，并可以对车辆进行轨迹回放。此系统可以有效地控制景区车辆，降低管理成本。

四、无线网络——Wi-Fi

（一）技术简介

Wi-Fi的英文全称为Wireless Fidelity（无线相容性认证），与蓝牙一样，同属于短距离无线技术。其实质上是一种商业认证，同时也是一种无线联网的技术。之前是通过网线连接电脑，而现在则是通过无线电波来联网；常见的就是一个无线路由器，在这个无线路由器的电波覆盖有效范围都可以采用Wi-Fi连接方式进行联网，如果无线路由器连接了一条ADSL线路或者别的上网线路，则又被称为“热点”。Wi-Fi的覆盖范围可达300英尺左右（约合90米）。

（二）在旅游业中的应用

1. Wi-Fi定位

每个无线AP（Access Point）都有一个全球唯一的MAC（Media Access Control）地址，并且一般来说无线AP在一段时间内是不会移动的。设备在开启 Wi-Fi 的情况下即可扫描并收集周围的 AP 信号，无论是否加密、是否已连接，甚至信号强度不足以显示在无线信号列表中，都可以获取 AP 广播出来的 MAC 地址。设备将这些能够标示 AP 的数据发送到位置服务器，服务器检索出每个 AP 的地理位置，并结合每个信号的强弱程度计算出设备的地理位置并返回到用户设备。可以在一定程度上提高定位精度（尤其在室内环境下），并为平板电脑、笔记本电脑等不具备 4G、5G 通信功能的移动终端设备提供尚可接受的粗定位能力。

2. 基于 Wi-Fi 的景区智能导览系统

基于 Wi-Fi 的定位技术，旨在为游客提供定位、导航、路径规划、景点信息介绍、消息推送等一系列优质的服务。

根据检测已知的部署在景区内的 Wi-Fi 热点的信号强度来确定当前手持设备的具体位置，根据游客的当前位置和目的地规划出最短的路线并为游客提供导航。利用 Wi-Fi 给游客提供景点介绍信息，包括文字、音频、视频等形式。收集每位游客参观过的景区景点信息，根据游客游览的景点分析游客的性格爱好，并针对游客的性格爱好来推送消息，如向喜欢园艺、喜欢参观艺术品的游客推送文艺主题的酒店或者类似的景点。

五、红外

（一）技术简介

红外是红外线（Infrared Ray，IR）的简称，是一种电磁波，可以实现数据的无线传输。红外传输是一种点对点的无线传输方式，不能离得太远，要对准方向，且中间不能有障碍物，而且几乎无法控制信息传输的进度。红外通信技术适合低成本、跨平台、点对点高速数据连接，尤其是嵌入式系统，已被广泛应用到移动计算和移动通信的设备中。

（二）在旅游业中的应用

1. 红外线室内定位

红外线IR标识发射调制的红外射线，通过安装在室内的光学传感器接收进行定位。虽然红外线具有相对较高的室内定位精度，但是由于光线不能穿过障碍物，使得红外射线仅能以视距传播。因此红外线只适合短距离传播，而且容易被荧光灯或者房间内的灯光干扰，在精确定位上有局限性。

2. 旅游景区监控

智能红外视频监控系统可用于对整个旅游景区进行监控，此系统主要采用了红外热成像技术和模式识别技术。系统的基本工作流程是：当有异常情况出现时，监控中心将向高清摄像头发出启动命令，同时报警提示工作人员处理异常情况。该系统改变了传统视频监控的被动接收的感受模式，能够对视频图像中的目标进行自动监测、识别、跟踪和分析，从而通过电脑程序的自动筛选，过滤掉大量的用户不关心的视频监控录像，通过分析、理解视频画面中的内容，为用户提供对监控和预警有用的关键信息。利用这种技术，人们可以在完全无光的夜晚或者雨雪暴风的恶劣天气下，清晰地感知四周的情况。因此，红外热成像技术为安防监控领域提供了先进的夜视装备，并为安防监控工程提供了全天候的监视系统。

3. 保护景区文物

周界红外报警系统主要用于保护景区内的珍贵文物，它的工作原理是：入侵者跨过布防区或翻越围墙，就会遮断红外射束，触动警报系统，监控中心电子地图立即显示报警位置，同时自动启动周边摄像机进行跟踪拍摄，自动启动广播系统进行警告，警示有人向文物靠近。

六、语音识别

（一）技术简介

语音识别技术也称为自动语音识别，是指将人说话的语音信号转换为可被计算机程序识别的信息，从而识别说话人的语音指令及文字内容的技术。与说话人识别及说话人确认不同，后者尝试识别或确认发出语音的说话人而非其中所包含的词汇内容。

（二）在旅游业中的应用

1. 智能车载

Nuance公司是最大的专门从事语音识别软件、图像处理软件及输入法软件研发、销售的公司，早已研发出定制的汽车级语音平台 Dragon Drive，通过将车载平台与手机连接，Nuance 可以帮用户实现语音控制 GPS 导航、信息收发、电话接打、社交网络更新等。

2. 手机“导游”

有公司利用语音识别技术和近距离信息传输技术打造了一款手机“导游”产品。其中，语音技术包括语音合成技术和语音识别技术。手机“导游”会先去售票处报到，目的是获取该景区内所有景点的文本数据信息。有了这些数据，手机就能够轻松合成音频，在游客游览景区的同时，获得详尽的景点介绍。另外，游客每到一个景点，只需告诉手机“导游”自己所在的景点名称，它就能“听”懂指示，并向游客娓娓道来该景点的文化典故。

七、人脸识别

（一）技术简介

人脸识别属于生物特征识别技术，是根据生物体（特指人）本身的生物特征来区分生物体个体。广义的人脸识别包括构建人脸识别系统的一系列相关技术，如人脸图像采集、人脸定位、人脸识别预处理、身份确认以及身份查找等；而狭义的人脸识别特指通过人脸进行身份确认或者身份查找的技术或系统。

（二）在旅游业中的应用

1. 景区客流实时统计

现已有景区正在采用人脸识别技术进行景区客流统计，该统计通过前端摄像机并依托人脸识别技术，对入园、在园和出园人数实时进行统计。系统可以实时将游客量传输到指挥中心，真正实现了中心与旅游景点之间的“零距离”管理联动，同时系统还将结合相关旅游 APP 软件，让游客随时掌握景区客流是“稀疏”“正常”还是“拥挤”，便于他们及时调整游览线路，实现错峰入园。

2. “刷脸”验票出入景区

结合人脸识别技术的智能门禁系统能更好地实现景区的数字化、智能化电子门禁管理，提升管理水平，使之更规范、更方便、更人性化地为游客和景区管理者服务。目前已有景区开始实行新的售检票系统，除了传统的纸质门票外，游客可凭借二维码、身份证、指纹、手机验证码等多种形式进入景区。当系统读取电子门票时，对游人的脸部进行拍照，通过人脸识别系统识别，同时读取游人的指纹，对预先购票时的指纹进行比对，并进行身份的验证。先进的售检票系统，统计游客数量更加准确，为有效疏导游客提供科学的依据。

3. “刷脸”考勤

景区工作人员遍布各个岗位和区域，对于管理层来说，实时了解工作人员到岗情况、确定人员脱离岗位时间有很大的困难。现已有人脸识别考勤系统，系统将人脸识别模块与景区触摸屏或广告机进行整合，工作人员可在就近岗位区域的触摸显示屏进行“刷脸”考勤。方便管理中心实时了解工作人员到岗情况以及是否有替代、脱岗现象。整套系统不仅实现了一机多用，还能够根据客户的实际需要来选配功能，帮助客户提升管理效率并有效降低管理成本。

八、在线支付

（一）技术简介

在线支付是一种第三方提供的与银行之间的支付接口进行支付的方式，指卖方与买方通过互联网上的电子商务网站进行交易时，银行为其提供网上资金结算服务的一种业务。这种支付方式的好处在于可以直接把资金从用户的银行卡中转到网站账户中，汇款马上到账，不需要人工确认。它为企业和个人提供了一个安全、快捷、方便的电子商务应用环境和网上资金结算工具。在线支付不仅帮助企业实现了销售款项的快速归集，缩短收款周期，同时也为个人网上银行客户提供了网上消费支付结算方式，使客户真正做到“足不出户，网上购物”。

（二）在旅游业中的应用

通过网上预订、银联“闪付”、手机支付等新兴支付手段，可以满足旅游出行方式的改变带来的多元化支付需求。张家界景区根据旅游者个人的兴趣和需求，对旅游目的地的相关产品，如门票、景区交通等进行定制服务、旅游预订、租用电子导游和获取《旅游目的地观光指南》等，并通过在线支付的方式进行消费。这种信息技术与旅游业发展的创新模式弥补了目前团队旅游和自由行存在的缺陷，是 B2C 和 C2B 模式的完美结合。

第三章

智慧景区

第一节　智慧景区的概念与特征

一、智慧景区的概念与内涵

智慧景区是基于新一代信息技术（也称信息通信技术），为满足游客个性化需求，提供高品质、高满意度服务，而在旅游景区内对各种资源和信息进行系统化、集约化的管理变革。

对智慧景区的理解应当从以下几个方面展开。

第一，智慧景区是智慧旅游在旅游景区的具体应用，智慧景区是智慧旅游的重要组成部分。

第二，智慧景区基于新一代信息技术的发展应用构建而成，通过各种信息技术、智能技术、通信技术等的综合应用，实现景区的数字化、智能化和智慧化发展。

第三，智慧景区的主要目标是满足游客个性化需求，提供高品质、高满意度的服务。为了实现服务游客这一主体目标，必须对旅游景区内的各种资源和信息进行综合性的管理和应用，因而，智慧管理、智慧运营、智慧商务等理应成为服务游客的前提和基础。

第四，智慧景区的发展建设是系统化、集约化的管理变革，变革的过程随着旅游景区发展需要、社会大众生活方式、信息技术升级换代等演变而不断更新，但总体趋势是逐步提升智慧化服务游客的水平和能力。

二、智慧景区建设的必要性分析

（一）服务游客的现实需要

随着大众旅游时代的到来，旅游逐渐成为社会大众日常生活的重要内容。作为旅游活动的核心场所，旅游景区应当为游客提供高品质、高满意度的服务。长期以来，许多旅游景区只是按照观光旅游的现成模式，为游客设计景观优美、游程合理的游览路线，游客只需按照预先的设计，走完观光游览路程即可，而景区所提供的服务也主要在餐饮、住宿、讲解、标识等方面。对于游客而言，在旅游景区购票之后，只需按照旅游景区的游程安排，观赏完既定的景点即可。在这种模式下，旅游景区所提供的服务是静态的，游客只需被动地接受，即可完成高质量的游览活动。但现代经济社会的发展使得人们的消费方式和旅游需求发生了较大的变化，旅游景区服务的内容也有了新的发展，例如，在游览前，人们在网上预订门票；在游览中，利用电子导游设备进行自助讲解；在游览后，通过旅游社交网站、微信、微博等新媒体分享旅游心得。现代生活方式、消费方式和旅游方式等的改变，为旅游景区服务游客提出了新的要求。智慧景区的发展建设，通过综合运用现代科学技术对接游客需求，能够高效、便捷、智慧地服务游客。

（二）提高旅游景区管理水平的内在要求

旅游景区的管理主要体现在资源、信息、人员、产品、安全等方面，在信息技术落后或者发展应用不充分的旅游景区，旅游景区管理主要依靠劳动力对上述五方面内容进行管理；在信息传递不畅、标准建设不足、管理效率不高的情况下，景区管理通常需要大量的人力、物力和财力，以致景区管理成本较高。同时，不同岗位的工作人员主要凭借自己的主观意志提供服务，由于不同工作人员的态度、知识和能力等方面的差异，使得服务的质量、水平和标准难以控制，低水平、低素质的工作人员将会给景区管理和景区形象带来负面影响。此外，在旅游景区游客统计、实时监测等方面，操作起来较为复杂和烦琐，有的工作甚至难以开展，由此使得景区管理存在死角。智慧景区的发展建设，通过数字化、标准化、智能化、实时化、综合化的技术、手段和方式，对旅游景区资源、信息、人员、产品和安全等进行全面高效地管理。

（三）对接旅游者现代消费方式的必然选择

现代信息技术的发展，对人们的生活方式和消费习惯产生了较为深远的影响，且这一影响逐渐渗入旅游行业。在旅游活动开始前，人们通过社交网站、旅游资讯网、旅游官方网站等查阅旅游信息，做出旅游计划，并通过旅游景区官网、旅游电子商务网站等实现预订。在旅途中，通过智能手机、平板电脑等智能移动终端设备，实时查阅和掌控旅游信息，将游程安排、景点讲解、智能导航等融入旅游活动之中。与传统意义上由旅游企业安排好游程而旅游者不能充分参与的旅游活动相比，现在大多数旅游者更倾向于自主选择、自我安排、自由旅行，从而开展个性化的旅游活动。为了对接旅游者的现代生活和消费方式，旅游景区必须进行智慧化建设，以此迎合旅游者的消费需求。

（四）解决旅游景区新问题的迫切选择

随着旅游的快速发展，许多景区面临着资源破坏、客满为患、安全事故、景区接待超过承载力等问题。这些问题在游客较少的情况下可能并不突出，在游客较多的情况下，景区在资源保护、游客管理、景区安全等方面的压力增大、任务增多。为了提高管理水平和服务质量，单独依靠人工进行管理，已经难以满足景区发展的现实诉求，因此，许多旅游景区需要通过现代信息技术等实现对景区的全方位管理。例如，通过智能门禁系统，实时统计分析景区游客数量及游客构成，为景区控制游客数量和精准市场营销提供信息资源；通过智能监测系统，实时监测文物景区中的温度、二氧化碳浓度等容易对文物产生不良影响的物质成分，以此控制文物所处的环境，从而起到保护文物的作用。现代信息技术的应用可以在景区的标准体系建设、提高管理水平、缩减运营成本、提升服务质量等方面发挥巨大的作用，因此智慧旅游成为旅游景区解决发展中所面临新问题的迫切选择。

（五）信息社会发展的必然趋势

信息技术的发展应用已经渗透经济社会的各行各业，旅游业也不例外，信息技术在推动行业发展、促进转型升级、提高运作效率方面的天然优势，使得旅游业可以通过信息技术的应用，实现跨越式发展。信息技术在企业运作、产品开发、市场营销、经营管理等方面的优势，使得许多企业通过信息技术，提升企业形象、提高管理水平、提速运营实践。旅游景区理应具有现代企业的运营管理特征，是现代信息技术应用的主要场所，只有进行智慧景区的发展建设，旅游景区才能在信息社会发展的大潮中紧跟时代潮流，融入社会发展的大局。信息技术的发展改变了人们的生活方式和消费方式，智能手机、平板电脑等智能终端设备的广泛应用，使得网上预订、在线支付、信息查询等成为人们日常生活的重要内容，为了顺应信息技术广泛应用的社会背景，旅游景区通过智慧景区建设，与游客手中的智能手机、平板电脑等进行无缝对接，同时，通过新媒体推送信息，为旅游者进行自助游、网上预订、线上咨询等保驾护航。因此、社会发展的主流趋势、现代企业的技术应用、智能终端的广泛应用使得智慧景区发展建设成为旅游业发展的必然趋势。

三、智慧景区建设的主要目标

（一）服务游客

旅游景区的发展，归根结底要吸引游客并留下游客，从而带动景区发展，因而，旅游景区的服务水平成为吸引游客的重要筹码。高水平、高质量的服务能够给旅游者留下深刻的印象，树立旅游景区的美好形象，在自媒体时代，信息的广泛、便捷、多向传播，既能为旅游景区树立美好的形象，又能将旅游景区的现实问题公之于众，在竞争激烈的市场环境中，旅游景区需要不断提升自身的知名度和美誉度，从而提升自身竞争力，进而吸引游客，并留下游客，促成游客在景区开展消费活动。游客是旅游景区人气活力、经济收入的直接来源；留下游客，就留住了景区的人气、财气、地气。因而，服务游客成为智慧景区发展建设的首要目标。

（二）助力营销

信息社会中，互联网技术的大力推广，智能手机、平板电脑的广泛应用，使得旅游市场营销有了全新的课题，利用微信、微博、微电影、社交网站等进行营销，既有利于充分展示旅游景区的美好形象，又能够构建与社会大众的良好关系，在旅游景区与社会大众的互动中实现营销。智慧景区的营销有别于一般的市场营销，一方面，通过运用现代信息技术、智能终端和手机应用（APP）等，采用最先进的营销手段和营销方式，向社会大众推介旅游景区；另一方面，基于智慧景区的统计数据、游客分析等信息，有针对性地进行精准营销，从而提升营销的效率和绩效。

（三）便捷支付

人们通过智能手机、平板电脑等进行线上预订，在旅途中运用手机即可实现便捷支付，因此，最大限度地方便游客消费成为智慧景区建设的重要内容。当前，许多旅游景区建设了电子商务网站、旅游手机应用（APP）等，为智慧景区建设提供了良好的范例。但仅仅实现线上预订还不够，智慧景区的建设应当在线上预订、便捷支付、游客咨询、信息分享等方面，为游客提供一系列的便利，将其作为便捷支付的组成部分和配套服务，提升线上预订和便捷支付的路径、方法和满意度，从而一站式解决旅游消费问题。

（四）提升管理

旅游景区的管理涉及景区发展的方方面面。在人员管理方面，包括游客和景区工作人员。对游客的管理，主要包括游客人数、游客行为、游客安全等方面，通过控制游客人数，将景区接待规模控制在景区的承载力范围内；通过对游客行为的监督管理，起到保护资源、保护游客安全、倡导文明旅游等作用。对景区工作人员的管理，主要包括对员工绩效的评价、工作水平的评价，对员工工作实况的监督检查等，通过监督检查和智能设计，保障员工的工作内容和服务质量。在信息管理方面，主要包括景区信息的采集、整理、分析、传播等。景区信息包括游客信息、资源信息、天气状况、安全预警、基础设施等内容，全面、及时、准确的信息能够为景区管理提供现实依据。在资源管理方面，对景区自然资源、人文资源、游客资源等的统计分析和报告有利于资源保护、开发和利用，从而保障旅游景区的可持续发展。此外，对旅游景区的道路、标志牌、解说系统等的管理，能够实时掌握景区动态，有利于管理者随时采取措施，实现对景区的科学、有序管理。

我国旅游景区类型众多，不同景区的发展水平、现实状况不尽相同，在智慧景区建设的过程中，建设内容、主要目标、先后顺序可能并不相同，有的旅游景区在建设中侧重管理，有的侧重营销，有的侧重服务。但无论如何，智慧景区建设归根结底均为服务游客，因为只有接待游客，才能聚集地气、吸引人气、收获财气，从而实现旅游景区的发展价值。尽管不同类型的旅游景区在公益性、经济收益等方面的追求不一，但聚集游客，实现景区的社会效益、经济效益和环境效益理应成为各景区的追求目标，因而，智慧景区发展建设的终极目标即通过服务游客提升旅游景区的综合效益。

四、智慧景区的主要特征

（一）游客服务智慧化

通过互联网、物联网和移动终端，实现景区与游客的多形式互动，对游客需求进行准确及时的感知，提供敏捷、精细的个性化服务，实现景区“服务智慧化”。

（二）景区管理智能化

建设基于景区信息化系统数据资源，集成整合地方、区域云计算服务的景区数据中心和决策支持中心，应用数据挖掘等智能技术，分析游客行为，挖掘游客需求，改善和提升景区的管理与服务以及专业化程度，实现景区“管理智能化”。

（三）产品研发互联网化

运用信息技术，推进以游客需求为核心的要素市场的分工重组、交叉融合和协同创新，以信息技术支撑创新型旅游产品链和产业链的信息沟通、整合以及业务流程重组，利用互联网思维推进产品研发的快速迭代，实现游客需求驱动的全旅游产品链和产业链的创新管理与服务模式。

第二节　智慧景区分类

基于各自性质特征和利益诉求不同，旅游景区智慧化建设的出发点和落脚点也各自不同。据此可以将智慧景区分为三种类型：以自然风光为主的风景名胜区类；以文物古迹为主的文物保护类；以文化景观为主的博物馆类。

风景名胜区类的目的是建设一个数据共享、网络覆盖、管理与服务融合的智能化管理体系。

文物保护类的目的是建设古建保护与修缮管理信息系统，公园绿化网络管理信息系统，文物管理展示信息系统等，通过电子测绘、三维扫描等技术将园内古建、文物以数据形式保存，记录游客流量、天气状况、环境噪声等实时动态信息，实现自动监测与报警，从而加强对古建和文物的保护。

文化博物馆类建设目的具备多样性，从提升游客体验和博物馆数据管理等角度出发，主要以完善网站功能，通过多媒体展示、二维码导览牌和动漫互动游戏等提升游客体验感。

这三类中，风景名胜区类智慧化最为复杂，综合性强，实现的功能多；文物保护类则对信息技术较为专业；博物馆类功能较为简单，综合性不强。

一、智慧博物馆类景区

博物馆无论是在更好地履行社会教育职能方面，还是在优化内部管理方面，都离不开信息系统所发挥的至关重要的作用，智慧博物馆建设的内容主要分为三部分：数字资源系统建设、管理信息平台建设和数字化文化展示平台建设。这三部分承担了不同的目标：数字资源系统建设是智慧博物馆信息系统建设的基础；管理信息平台建设的目标是提升工作效率；数字化文化展示平台建设的目标是加深博物馆知识受众的文化感受。

智慧博物馆建设具有高效、简单、安全、集成、互动、规范的特点。

（一）数字资源系统建设

在智慧博物馆建设中，离不开数字资源的建设，数字资源是信息系统运行的基础。博物馆的基本责任是社会教育，对象是人。因此，博物馆的数字化资源应该包括能够影响到人的思维的各种形式媒体：图片、文本、音频、视频乃至气味和触觉。但是受当前的技术、经费水平等条件的限制，目前博物馆最主要采用的数字资源还是图片和文档，其次才是声音和视频。在传统博物馆的常规工作中，图片和文档都是以辅助的形式出现，支持着博物馆的保管、研究、展示和出版工作。但是，数字化的图片和文档在保存、复制和传递上的优势极大地扩展了这些资源数据在博物馆信息系统的重要性。在博物馆信息系统中，数字化的资源数据将不再是陪衬而是成为主角，数字资源系统的建设作用主要包括以下几点。

1. 加强藏品影像的储存和使用管理

影像藏品的妥善储存至关重要。十张、百张照片的管理容易，但是如果有了成千上万张照片，要找到多年前拍摄的照片就不容易了。这时候就体现出资源数据管理的重要性。要管理好资源数据，首先需要对资源数据进行编目。只有经过认真编目的资源数据才有可能建立起有效的检索系统。为了适应自身工作和满足社会对博物馆影像资源采集，利用与管理信息系统，实现了从摄影、编目上传、审核存储利用检索到数据加工、发出登记的全过程数字化管理，只要在线填写影像资源利用申请单，系统就会自动完成相关的签批过程。

数字资源的保存依赖计算机硬件设备，一旦计算机硬件发生故障，辛辛苦苦积累起来的数字影像资源就很容易瞬间完全丢失。但是数字影像资源数据通过计算机可以便捷地复制，又极大地方便了制作数据备份文件。因此，数据备份是解决数字影像资源安全性最好的办法。建立有效的在线存储、近线存储和离线存储十分必要。

博物馆的影像资源是一笔重要的财富，在数据采集的过程中，人力、物力投入是很大的。但是从长远来看，由于数字技术在资源数据保存、复制和传播方面的便利性，图片的使用会越来越广泛，因此总的社会效益和经济效益也会很大。除了满足传统博物馆当前自身工作使用需求外，在虚拟网络中使用和向社会提供馆藏藏品影像也扩展了博物馆展示的空间，促进了社会文化的发展，均为提升博物馆社会影响力的重要手段。在图片影像资源利用的过程中，制定图片使用规定和景观必要的批准流程，按规章制度办事也很必要；否则，由于数字影像资源复制的便利性，很容易造成博物馆影像资源的流失。

2. 扩展博物馆数字资源采集手段

在博物馆经济和人力条件允许的时候，尽可能在不影响当前使用最普通的图片形式、文本数据采集的基础上，开展博物馆内藏品内容相关的三维影像、视频影像、声音乃至气味、触觉等多媒体形式的资源数据采集工作。多媒体藏品是博物馆未来发展的重要依托。

（二）博物馆管理信息平台建设

实现博物馆核心工作的数字化管理必须建设文物管理信息系统，博物馆藏品元数据的建设是最基本的工作，但是基于博物馆原始工作水平的落后，这项工作需要长期、烦琐而艰巨的劳动才能完成，尤其是大型博物馆，要使几万件藏品的元数据在短时间内存储起来并且完整是不可想象的，但是元数据建立不起来，藏品管理数据库以及产品管理系统也就无法建立。

1. 藏品元数据的建立

藏品是博物馆的核心资源，从建立聚集实体藏品镜像的藏品数据库开始建设博物馆的信息系统是很多博物馆的选择，建设藏品数据库就是建立藏品电子账。镜像就是藏品数据库不仅能够用电子数据的方式记账，还应该准确、实时、动态地反映博物馆藏品的形态等涉及藏品资产的各项信息。藏品数据库内对每件藏品的详细描述应该包括藏品名称、藏品编号、藏品分类、藏品基本描述、数量描述、计件单位描述、状况、来源和去向、收藏方位和保管责任人等，这些就是藏品元数据。为了确保数据是原始藏品的绝对镜像，还可以在元数据内设置以单个或者多个数据核查记录标识。藏品元数据中的每个描述项都需要严格按照统一的规范认真填写；否则就会给今后的藏品信息利用和信息关联带来问题。

2. 藏品数据库和博物馆管理信息平台

博物馆的大多数工作是围绕藏品展开的，将藏品的收藏、展示、研究、保护、摄影等与藏品实体相关的工作成果数据与藏品数据库内的藏品元数据链接起来，就构成了完整的博物馆藏品数据库。但是，这个系统只反映了博物馆个人工作方面的信息及藏品的管理信息。

将博物馆其他各项工作的所有流程都认真分析，梳理清楚各项工作之间的关联，经过梳理后，将工作人员在完成各个环节工作的工作状态信息全部在系统里反映出来，构成一网状的虚拟空间，使每个节点上的工作者都清楚知道自己的任务，这就构成了一个完整、立体的藏品管理系统。博物馆可以将所有涉及馆内公文流转、经费支出审批、乃至文物流通、选展、库房管理、研究、资源数据应用管理等多项管理工作全部放在统一的智慧博物馆办公平台上处理，使博物馆的整体管理水平提升到一个新高度。

（三）智慧化文化展示平台建设

博物馆是人类保存过往知识精华，总结、借鉴前人的成果，促使人类继续前行的文化机构。博物馆通过自身藏品收藏、研究和展示，提升公众的历史、艺术、科学文化知识水平。在当前信息爆炸的时代，用信息化技术来应对时代的挑战已经成为首选的解决方案。

1. 博物馆工作的核心是教育

博物馆的收藏、研究、展示工作虽然都有其各自的工作范畴和工作目的，但它们的最终目标也都是为博物馆教育工作服务的，其价值体现都在教育之中。

博物馆物证教育的方式主要是藏品展示和举办专题展览，展示和展览以大量的藏品为基础，按照一定的主体线索组织、安排文物，具有真实、直观、生动、形象的特点，这是语言、文字、图片等教育方式难以替代的。

博物馆智慧展示信息平台的作用恰好可以起到知识“虚、实”结合的促进作用。因为它同时具有知识框架教育属性与物证教育属性，所以它成为贯通框架教育和物证教育的利器。

2. 针对不同的受众提供不同的文化信息

信息技术传输的便利性使得智慧博物馆信息系统的受众不仅仅局限于原来只是来到实地参观的人群，处于不同场景下的人群对所接触到的信息的反应是不同的。

二、智慧文保类景区

信息技术与信息社会的发展，智慧地球与智慧城市的提出，新技术与新理念的促进为智慧景区的诞生与发展创造了条件和机遇。信息化及精细化的管理需求、资源管理与保护的需求、文物管理与保护的需求、游客管理与服务的需求、服务社会与持续发展的需求促使智慧文物保护类景区建设显得更加必要和紧迫。

（一）需求分析

文保类景区在信息化建设领域面临巨大的挑战和机遇。通过信息化建设，推进文保类景区整体竞争力的提升，必将促进这一古老文化遗产在历史长河中绽放出新的光芒与魅力。在未来文保类景区的发展中，需要立足景区基本特点与现有成果，整合各种硬件与软件资源，实现各种业务系统的互联互通、协同工作以及有效的资源共享，全力建设高效、安全、便捷及透明的智慧景区。

智慧文保类景区建设就是要通过信息化技术将园区各种设备、资源、业务系统集合在一起，为景区主管领导、业务管理部门、园区职员、来访游客以及社会公众提供各类信息服务，并建立信息共享环境，使得各种资源和信息能够在不同需求之间有效地组织与协同，保障景区的高效运营与持续发展。

信息基础设施的建设是智慧文保类景区的基础，在智慧文保类景区建设过程中，首先需要通过各种硬件设备体系的建设，如在线服务器、网络交换机、传感器以及监控器、手持终端设备、文物电子标签等，并通过底层网络实现各种硬件设备的连通、接入、互访及通信，满足遗产保护与管理信息的实时获取、传输、存储、分析、可视化表达的需求与目标。

（二）智慧文保类景区建设内容

1. 建设目标

信息基础设施是以物联网为基础的信息获取与传输平台。信息获取设施主要是指位于景区信息化体系前端的信息采集设施与技术，如遥感技术、射频识别技术、GPS 终端、传感器以及摄像头视频采集终端、地感线圈或微波交通流量监测等信息采集技术与设备。信息传输设施是指有线及无线网络传输设施，主要包括通信光纤网络、4G/5G 无线通信网络、重点区域的 WLAN 网络等以及相关的服务器、网络终端设备等。

基于物联网的信息基础设施的主要作用在于实现资源的接入与操

作，保证数据的交换与信息传递，支撑业务系统的运转以及整个智慧文保类景区的运营。信息基础设施涵盖了各种设备互联、数据采集、访问操作等服务。通过提供以物联网为基础的设备消息中间件，为各种业务应用提供基础数据。通过物联网的各项技术实现底层设备的集成与整合，保障智慧文保类景区遗产保护与管理服务工作的正常开展。

2. 智慧文保类景区的组成

构建基于物联网的智慧文保类景区信息基础设施，必将配备大量的设备，这些设备包括各种视频监控设备，温度、湿度、压力等环境监控设备，声、光、电管理设备，游客手持导游终端设备，电子门票与刷录设备，工作人员手持的通信、检修设备等。这些设备通过整合与集成形成有机的整体，为智慧文保类景区在状态维护、游客服务、环境监控等方面提供支撑。

根据景区遗产保护与运营管理的需求，主要的基础设施建设包括数字视频监控设备与数字视频监控网、遗产环境监控设备与监控网、移动服务终端设备与移动服务网、电子门票与刷录设备网等主要组成部分，通过这些基础设备网络环境实现各种设备的接入与操作，最终通过设备消息总线实现设备消息的采集、汇聚、融合、转发与设备的操作。

（三）智慧文保类景区建设系统功能

1. 数字视频监控网

视频监控网络是应用较为广泛的一种信息基础，主要应用于景区内部安防、园林景观管理、古建文物保护等方面。数字视频监控网整体采用分布式结构，主要由前端视频设备、传输系统、管理系统、监视系统、数据采集模块等部分构成。整个数字视频监控网以光纤 IP 网为基础，通过部署于各处的数字网络摄像头、视频服务器及控制中心，实现视频监控工作的开展。

2. 遗产环境监控网

遗产环境监控网主要通过数字传感器对文保类景区文化遗产所在场所的温度、湿度、震动、磁场、压力、噪声等环境指标数据采集监控，以实现对火、水、风等形成的各种灾害进行预警管理与突发事故监控。与视频监控网类似，遗产环境监控网以分布式的形式构建，主要由前端传感器、传输系统、管理系统及数据采集模块等部分构成。通过遗产环境监控网，将整个遗产均纳入动态监测的范畴内，以实时、全面的动态监测为依据建立预警体系，建立全方位的保护机制，实现对整个遗产的预案规划、实时监控、即时上报、应急指挥、持续保护。

3. 移动服务终端网

移动服务终端网主要包括游客使用的导游服务终端、管理人员使用的各种手持维护终端、景区内部票务服务终端等设备。通过手持移动服务设备，游客与管理人员可以随时随地连接业务应用系统，实现消息交换等功能，为游客与景区管理人员打造移动的、泛在化的综合服务网络。

(1) 导游服务终端

游客可以随时随地访问智慧文保类景区有关导游服务，包括景区导航、遗产介绍、餐饮/娱乐/游船等设施预订以及紧急呼救等；同时，景区管理部门可以通过游客的服务终端随时确定游客的位置，提供有效的导游服务。

(2) 手持维护终端

与游客所持的导游服务终端设备类似，手持维护终端由景区管理人员使用。管理人员通过手持维护终端可以随时接收智慧文保类景区业务管理系统的各种消息与指令。同时，可以用文字、图片、音频、视频等形式与其他员工通过业务系统进行交流。通过手持维护终端，管理人员可以在现场实现对业务系统的连接、消息传递及数据维护等。

4. 电子门票

电子门票是文保类景区与游客交流的基本介质，通过门票电子化将极大地提升景区管理规范化与服务信息化水平，极大地提高工作效率。将射频识别技术与智能芯片等应用于景区电子门票，电子门票就具有定位功能，景区管理者不仅可以随时了解游客的时空分布，而且可以根据数据实时进行游客疏导和调控。可见，通过智慧文保类景区建设，使得电子门票一方面承担了传统门票的功能，另一方面承担了游客在景区内游览智能卡的作用。在景区电子门票刷录过程中，利用智能芯片与射频识别等技术实现非接触式的门票识别与业务操作，获取游客行为及时空分布数据，并实时传输到智慧文保类景区数据中心与管理中心，为景区的智能化管理与服务提供了数据支撑。

5. 设备消息总线

设备消息总线承担设备的接入、设备消息的采集与融合以及对基础数据支撑环境的转发是整个物联网数据整合与中转的中枢。设备消息总线针对不同类型的设备定制设备消息接口，通过该接口实现设备的接入、设备消息的吞吐及设备的操作。设备接口在使用过程中，相关应用通常具有事务性与时序性的特点。因此，设备消息总线需要具有消息订阅/发布、消息广播等功能。应用通过建立设备消息订阅，实现设备监控数据的接入与事件触发。通过这一方式，满足对文物、古建等遗产保护、灾害防控应用等需求。

（四）智慧文保类景区建设展望

建设文保类景区的基础是信息基础设施的构建，以物联网为基础的智慧景区信息基础设施方案涵盖了数字视频监控设备与数字视频监控网、遗产环境监控设备与监控网、移动服务终端设备与移动服务网、电子门票与刷录设备网等主要组成部分，不仅可为景区提供全面、高效、智能、动态和安全的硬件基础，更为整个智慧景区的建设探索出高新技术应用之路。

智慧景区建设的目的是实现对园区自然资源与人文资源、自然环境与人工环境、静态设施与动态行为进行最透彻的感知、更广泛的互联互通、更科学的可视化管理与保护。物联网技术正是实现这些目的的最佳选择，通过物联网可以实现整个园林全方位的基础数据采集与感知，创建异构网络体系下全层面的信息共享与通信，提供完整数据基础上全过程的园区监控、保护、管理与服务。物联网是智慧园林景区的基础，为智慧景区目标的实现提供了最可靠的保障。

三、智慧风景名胜区类景区

“智慧景区”是在“数字地球”向“智慧地球”转型这一重大背景的基础上，结合景区特性，运用人类最新的文明成果，构建智慧网络，实现景区智能化发展；将最新管理理念与最新技术成果（尤其是物联网）高度集成，全面应用于景区管理，从而更有效地保护旅游资源，为游客提供更优质的服务，实现景区生态环境和经营管理全面、协调、可持续发展。换言之，“智慧景区”是能对环境、社会、经济三大方面进行最透彻的感知、更广泛的互联互通和更科学的可视化管理的创新型景区管理系统。

（一）智慧风景名胜区系统组成

“智慧景区”内涵丰富，主要包括：通过物联网对景区地理事物、自然灾害、游客行为、社区居民、景区工作人员行迹和景区基础设施以及服务设施进行全面、透彻、及时的感知。对游客、社区居民、景区工作人员实现可视化管理。利用最新信息技术和管理理论改变景区管理局或管理委员会的组织结构，优化和再造景区管理业务流程。同科研院校、研究机构、酒店、旅行社、航空公司、IT 公司等建立战略联盟，运用众人的智慧、集结众人的力量管理景区。智慧景区建设的目的是有效保护遗产资源的真实性和完整性，提高服务游客质量，实现景区环境、社会和经济全面、协调、可持续发展。

智慧景区系统的建设主要有：景区智能安防，包括红外监控、智能监控、红外报警、电子巡更、火灾报警、食品追溯、设备防失、资源保护。景区环境监测，包括容量监测和环境监测，其中环境监测包含空气、噪声、污水和生物监测等。景区能源管理，包括智能路灯、用电监管、电能监管、太阳能、用水监管、苗木灌溉。景区办公管理，包括办公自动化、考勤系统、可视电话。景区票务管理，即智能票务系统，包括智能门禁、电子导游、人员定位、人员救援、容量统计等子系统。景区医疗卫生管理，包括远程监护、移动病床、移动门诊。景区交通管理，包括物联网应用和交通系统两大部分，以及指挥中心、信息服务、交通安全、特殊服务、车辆追踪、停车管理、一卡通等众多子系统。景区智慧购物，包括电子超市系统、电子支付系统。景区公共发布平台包括公共广播、LED屏幕。

（二）景区智能安防

公共安全是指多数人的生命、健康和公私财产安全，其涵盖范围包括自然灾害、技术灾害、社会灾害等。景区内游客众多，景区管理者必须建设公共安全系统，保障游客安全。

1. 视频监控系统

（1）红外视频监控系统

监控是景区进行实时监控的物理基础，管理部门可通过它获得有效数据、图像或声音信息，对突发性异常事件的过程进行及时监视和记录，提供高效、及时的指挥和调度、布置警力、处理案件等功能。

智能红外视频监控系统用于对整个景区进行监控，主要采取了红外热成像技术和模式识别技术，比高清晰度视频监控系统更加优越。红外热成像技术原理是基于自然界中一切温度高于绝对零度（－273℃）的物体，每时每刻都辐射出红外线，同时这种红外线辐射都载有物体的特征信息，这就为利用红外技术判别各种被测目标的温度高低和热分布场提供了客观的基础，利用这一特性，通过红外探测器将物体发热部位辐射的功率信号转换成电信号后，成像装置就可以一一对应地模拟出物体表面温度的空间分布，经电子系统处理传至显示屏幕上，得到与物体表面热分布相对应的热像图，即红外热图像。通过红外热成像技术所看到的目标的热图像和目标的可见光图像不同，它是人眼不能直接看到的目标的表面温度分布所转变而来的、代表目标表面温度分布的热图像。利用这种技术，可以使人们在完全无光的夜晚、烟云密布的战场，或者是在雨、雪、雾、风的恶劣天气环境下，清晰地观察到前方的情况。因此，红外热成像技术为安防监控领域提供了先进的夜视装备，并为安防监控工程装上了全天候的监视系统。

智能红外视频监控系统主要由前端设备、传输网络、监控中心三部分组成。

（2）智能视频分析系统

智能视频分析系统采用国际领先的视频分析算法，能够分析拥挤复杂的真实环境，提供全面的分析和识别系统，其中包括多国语言车牌识别系统以及在拥挤环境中的多角度面部识别技术，所有功能均配备了误警过滤器以提高准确率。视频分析算法运算所耗的 CPU 用量非常低，在相同性能机器上，可比其他的视频分析产品多同时并行处理多个的摄像头视频。

2. 智能监控系统在景区安防的应用领域

（1）景区危险路段的人流量统计。在一些景区危险地段（如桥、山崖、船、湖边等）人流量较大，高峰时具有较高风险，要求控制人数总量，因此要通过视频分析系统统计当前进入危险地段的人数，同时监控危险地段是否有异常行为。

（2）景区重要场所人数统计。从进入景区的门禁系统，再用视频分析系统出入景区的人数，从而推算出景区内的总人数，在一些核心景点也建立人数统计系统。

（3）人群控制和周界防范。在拥堵和高危地段，识别人群的整体运动特征，包括速度、方向等，用以避免形成堵塞并及时发现异常情况。

（4）重点通道监控。在禁行区域进行监控，对闯入的人员或动物进行跟踪，监视其行为，当越界时进行报警。

（5）交通疏导。结合 GPS 系统，用于在景区交通要道监视交通情况，如统计通过的车数、车型、平均车速、是否非法停车及故障车辆等。

（6）森林防火。用 24h 自动轮巡森林区，监视是否存在火灾隐患，可通过烟雾、明火等多种不同的运动特征进行组合聚类。

（7）人员救治。当游客意外滑倒或晕倒时，系统会将情况通报中心，为伤员的救治争取宝贵的时间，也为将来的恶意索赔提供有力的证据。

3. 周界红外报警系统

周界红外报警系统主要用于保护景区内珍贵文物，以及监控危险区域游客的安全。周界防范报警系统利用红外遮断感应方式，在侵入者穿过时，探测器将探测到的信号发送给主机，通过主机驱动警号鸣叫，驱动电子地图显示防区的警情，安全管理人员则能在第一时间了解到警情并做及时处理。

周界红外报警系统由前端探测器（对射探头、室外红外探头）、报警主机及一些辅助设备（电源、显示地图、警号、探头安装支架）构成。

红外对射探头全名为“光束遮断式感应器”，其基本的构造包括瞄准孔、光束强度指示灯、球面镜片、LED 指示灯等。其侦测原理是利用红外线经 LED 红外光发射二极管，再经光学镜面做聚焦处理，使光线传至很远距离，由受光器接收。当光线被遮断时就会发出警报。红外线是一种不可见光，而且会扩散，投射出去会形成圆锥体光束。红外光不间歇，1 秒发 1000 光束，所以它是脉动式红外光束。这些对射无法传输太远距离（600 米内）。经过调制的红外线光源是为了防止太阳光、灯光等外界光源干扰，也可防止有人恶意使用红外灯干扰探头工作。

对射探头由一个发射端和一个接收端组成。发射端发射经过调制的两束红外线，这两条红外线构成了探头的保护区域。如果有人企图跨越被保护区域，则两条红外线被同时遮挡，接收端输出报警信号，触发报警主机报警。如果有飞禽（如小鸟、鸽子）飞过被保护区域，由于其体积小于被保护区域，仅能遮挡一条红外射线，则发射端认为正常，不向报警主机报警。

在现场，通过在文物和不安全地域（如湖泊、悬崖）周围安装红外对射装置，组成不留死角的防止非法跨越的报警系统。周界红外报警系统的工作原理是入侵者跨过布防区或翻越围墙，就会遮断红外射束，触动报警系统，监控中心电子地图立即显示报警位置，同时自动启动周边摄像机进行跟踪拍摄，自动启动广播系统进行警告，提醒游客不要跨越布防区域。为了增加可靠性，防止误报，也可以采用进口双光束或四光束的红外对射，能够有效避免由于树叶、杂物、小鸟、小动物、暴风雨等原因对探测报警的影响，同时保证任何较大物体和人的非法侵入行为立即报警。为了便于定位及响应报警，将需要安装红外对射的地方分成若干段，将每段的红外对射装置连接至小区管理中心，再通过中央接警系统自动接警，一旦有某段红外对射信号被遮断，系统就会立即报警，并可以在显示屏幕上显示出报警位置，同时与闭路监控系统联动，并进行实时录像。如果是文物的防盗，还可以与辖区派出所实现报警联网。

周界红外报警系统的功能特点包括：监控系统、报警系统、广播系统无缝连接进行联动，构建先进的监控报警机制。监控根据景区的实际情况，设计与景区相似的立杆外观，摄像机布置在隐蔽处，体现人性化。根据景区情况，分成多个监控中心和监控区域，更加科学合理。设备先进，高清显示，日夜不间断监控景点文物，游客更加安全。

4. 电子巡更系统

电子巡更的应用对景区的安全性、可靠性具有双重意义。它可以及时制止治安及火灾隐患或对设备的安全运行进行检查，提高了巡查工作的质量。如果出现紧急情况，巡查人员可及时现场解决。

电子巡查系统是利用先进的接触存取技术开发的管理系统，长期以来在很多行业中，如何对各种巡查工作进行有效的监督管理一直是管理工作中的难点，如物业管理、保安巡更等安全巡逻管理。巡查人员是否按规定路线、在规定的时间内巡查了规定数量的巡查点，管理人员很难对此进行严格、有效的监督管理。电子巡查系统是实现这种监督管理最有效、最科学的工具。

电子巡查系统主要由几部分组成：一是巡查采集器。主要分为接触式和非接触式两大系列，可根据具体要求进行选择。二是信息传输器。根据不同的采集器选择不同的信息传输器，用于数据上传、校对、采集器时钟修正。三是软件。可对采集回来的数据整理存档，并对巡查人员的具体巡查情况进行分析，作出具体的判断。可进行各种条件查询，设置巡查时间要求，线路要求，编排巡查班次、时间间隔、线路走向，随时提取或抽查工作记录。四是巡查点。根据实际情况选用接触式或非接触式。巡查点体积小巧，隐蔽性强。用于地点设置或人员设置，可清晰地区分人员及地点。

电子巡查系统的工作原理是在每个巡查点设置一个信息钮（它是一种无源的、只有纽扣大小的不锈钢外壳封装的存储设备），信息钮中储存了巡查点的地理信息；巡查员手持不锈钢巡查棒，到达巡查点时只需用巡查棒轻轻一碰嵌在墙上（树上或其他支撑物上）的信息纽扣，装在巡查棒上的巡查采集器即可采集到巡更点的信息，如具体的工作人员名称、巡查点的地理位置、到达巡查点的时间等。它可以配合某些重点设备的维护及重点部位的重点巡查，使巡查工作及时、高效地完成。巡查员完成巡查工作后，回到控制中心，把巡查棒插入通信座，通过专用传输器将巡查员的所有巡查记录传送到计算机，系统管理软件立即显示出该巡查员巡查的路线、到达每个巡查点的时间和名称及漏查的巡查点，并按照要求生成巡检报告。

5. 火灾自动报警系统

景区一般面积广，设备和重点保护的文物多，是消防工作的重点。加上景区内部人流量巨大，游客人身安全至关重要。因此，景区的消防工作至关重要。为避免这一现象，除了及时疏导人群外，更重要的是要在第一时间发现火情、消灭火情。火灾自动报警系统很好地解决了这一问题，系统能在火灾初期引燃阶段就自动报警，避免后续灾害发生。

该系统分为自动报警及手动报警，主要包括触发器件、火灾报警装置、火灾警报装置以及其他辅助功能的装置。烟感、温感、光感等自动触发报警装置触发的报警信号通过数据处理发送到报警装置报警，同时向游客和工作人员发出警报，方便人们在火灾初期及时采取措施扑灭火灾、疏导游客。另外，系统在防火分区及疏散通道设置手动报警装置，使得人们在应急情况可以手动报警。

6. 食品流通追溯系统

一个完整的城市级食品流通追溯系统主要包括的内容：城市追溯管理平台；蔬菜基地追溯子系统；生猪基地追溯子系统；肉类加工企业追溯子系统；屠宰场追溯子系统（含结算系统）；批发市场追溯子系统（含结算系统）；零售市场追溯子系统；“产销对接”超市追溯子系统；配送追溯子系统；专卖店追溯子系统；团体采购追溯子系统；新型支付子系统。

通过该系统，能够追溯到消费的食品的生产源头、食品生产和加工、流通领域、消费等全部环节。景区建立零售市场追溯子系统、“产销对接”超市追溯子系统等相关系统，与城市追溯管理平台对接，能够实现以现代信息化方式对整个食物链的安全监控，有效为保证食品安全、保障游客利益、提高食品安全事件的应急反应能力。

7. 游玩设备管理系统

在游乐场，游玩设备种类繁多，数量大，容易丢失。人工管理起来不仅工作量大，而且难以做好。游玩设备管理系统采用智能识别、电子标签等手段，在游玩设备上安装 RFID 电子标签，结合定位系统，能够快速找到游玩设备的位置。游玩设备管理防失系统还可以为设备划定区域，一旦游玩设备被带离区域，系统立刻报警。

该系统不仅可以实现内部道具的防盗窃、防破坏，而且有更多的功能：游玩设备管理系统加强自身设备维护、保养的信息化管理和针对实时客流量合理调控开关，加强对设备进行维护和保养的管理，提高设备的管理效率和有效利用率。系统以对设备的维护保养信息管理为主线，通过对信息的收集、存储、传递、统计、分析、综合查询、报表输出和信息共享，及时为管理人员的决策提供全面、准确的信息数据。游玩设备管理系统针对实时客流量合理调控开关，提高设备的管理效率和有效利用率。

8. 旅游资源保护

在旅游景区内，无论是自然旅游资源还是人文旅游资源，随着时间的流逝都会因为各种自然因素或人为因素受到损害。更为严重的是，一些恶劣的气候现象甚至会导致旅游景观的消失。当然，旅游环境资源遭到破坏的原因也与旅游区超负荷开放、游人过多等人为原因有关。

目前，各个景区一般是通过在各处设置摄像装置，对景区内的资源实行视频监控。而物联网不仅仅是从视觉上对各个资源进行监控，而且是通过射频识别、红外感应器、全球定位系统、激光扫描等技术对旅游资源的温度、湿度、负重程度、色泽度等各个方面进行监测，使得管理者可以对有需要的资源进行及时维护，对于已经受到损害的旅游资源直接将监测到的相关信息传送到互联网上进行分析，从而获取相对具有科学依据的解决办法。而设置在景点附近的识别系统及预警系统可以向试图破坏旅游资源的游客发出警告。在使用物联网之后可以将景区内的各个资源联结为一个整体，并形成相对完善、科学的监测管理系统，使得旅游资源具有更长久的生命力。

（三）景区环境监测

旅游区的自然生态环境是旅游区地貌、空气、水和动植物等生态因子的总称，这些生态的有机结合形成了旅游区环境的优美与愉悦。从人类审美的心理需求来看，自然景观美是景区环境的基础。旅游气氛环境指旅游区所特有的地方特色、历史、民族风情及与之相适应的外部氛围。旅游环境美是形象与意境的双重美，而每一具体的游览对象，其对游客旅游行为的激发，很大程度上是它所反映出的特定的历史、地域、民族特点或特殊情调。所以，游客的满足程度与旅游目的地的环境条件息息相关，环境是旅游业生存和发展的物质基础，直接影响着旅游业的持续发展和生命力的旺盛。

1. 景区环境容量监测

旅游环境容量是指在某一旅游地环境的现在状态和结构组合不发生对当代人及未来人有害变化的前提下，在一定时期内旅游地所能承受的旅游者人数。其内容主要包括旅游生态容量、旅游资源容量、设施环境容量和社会环境容量。许多景区的旅游环境容量研究表明，一方面这些景区的游客量不足环境容量的50%，表明整个风景名胜区还有较大的旅游容量潜力；另一方面这些景区的时空分布却又表现出严重的不均衡，景区内某些重点景点的游客量已达到饱和，而另一些景点尚有较大的发展空间，因此需要建立对旅游景区的现状容量的实时监测机制，利用价格杠杆和管理手段，及时发布客流信息等调控措施来调节客流。通过基于射频识别技术的电子门票系统作为基本平台，结合射频识别技术的定位功能，建立基于射频识别景区旅游环境现状容量实时监控系统。为景区适时、适当控制或疏导局部景区景点游客量，保护景观和旅游环境，实现景区旅游可持续发展提供科学依据和技术手段。

旅游环境容量是旅游景区可持续发展的一个重要指标。对景区现状容量的实时、有效监控则成为保护景区生态和保证景区可持续发展的重要基础，建立健全景区环境监控已成为必然。

环境容量监控系统以GIS作为地理信息支持平台，以射频识别技术实现游客位置信息采集以及对景区的环境现状容量进行实时监测，并以此为基础，对景区旅游人数进行有效的控制，以达到对景区进行有效保护和合理开发的目的。

对于游客的地理位置获取，过去常采用GPS技术。但由于GPS对于普通旅客来说，相关设备较贵，携带不便，使用较困难，所以一直影响和制约着GPS在旅游业方面的广泛应用。而如果要实现景区的环境现状容量的实时监控，则必须保证景区的所有游客都能在特定的地点实时、自动地被获取到地理位置信息，这就需要通过其他的定位技术来实现。射频识别技术凭借其成本低、携带方便、定位对用户透明等特点，完全可以实现景区所有游客特定位置的定位功能。再结合空间信息的管理和分析平台，能很好地实现旅游环境容量的实时监控功能。

2. 景区环境质量监测

生态环境的保护是景区的重要任务之一，也是实现可持续发展的根本。景区环境监测系统主要实现对大气、水、森林、地质以及景点建筑物内的温度、湿度等实时信息的收集、分析、传播，掌握环境的动态变化。它主要应用传感技术、地理信息系统和卫星遥感技术，利用通信网络实现数据的传输和收集，建立并完善资源数据库，再通过后台系统对数据进行整理分析评价，为旅客提供及时的景区环境质量信息，也为景区的“保护、科研、开发”提供决策依据。

景区环境监测系统是景区内环境建设、职业健康保障要素中最直接的因素，智能化环境监测系统（含环境应急指挥系统）的建立可以有力推进健康景区的建设进程。

系统以科学的数据来评定健康景区“绿色健康”的特色，打造一个具有清新空气、洁净饮水、安静环境、具备良性调节作用的生态景区，确定景区绿色健康的品牌，增强景区的综合竞争能力。

环境质量监测系统，由空气质量在线监控与预警系统、噪声自动监测系统、污水在线监测与预处理系统、景区环境应急指挥系统组成，实现清新的空气、安静的环境、洁净的饮水。

（1）空气质量在线监控与预警系统

空气质量在线监控与预警系统是由颗粒物监测子系统、二氧化硫监测子系统、氮氧化物监测子系统、系统控制及数据采集处理子系统等组成。测定空气中颗粒物浓度、二氧化硫浓度、氮氧化物浓度，同时测量温度、压力、流量、含湿量、含氧量等参数，计算各种参数并通过数据传输系统传输至景区的环境应急指挥中心，实现对被监测区域的无人化远程实时监测，做到实时监控和应急预警。

（2）噪声自动监测系统

景区噪声自动监测系统的硬件和软件采用模块化结构，主要功能可根据应用场合和用户的需要进行配置，包括噪声统计分析功能、实时频谱分析功能等。根据景区实际布局，对噪声集中发生地进行全方位的覆盖监测，将动态数据实时传送至景区指挥中心，实时监控景区噪声状况。

(3) 污水在线监测与预处理系统

根据景区内的实际排污需求，设立规模不等的污水预处理中心，通过水质在线监测系统控制污水处理的全过程，实时反映景区内的污水排放指标，打造景区的“绿色减排”。本系统由污水处理系统和污水在线监测系统组成。

污水在线监测系统是一套以在线自动分析仪器为核心，运用现代传感器技术、自动检测技术、自动控制技术、计算机应用技术以及配套的软件和通信网络组成的一个综合性在线自动监测体系。而污水处理系统根据景区污水实际状况，经过污水处理中心处理后可以达标外排或污水回用。

(4) 景区环境应急指挥系统

在景区及其周围，存在严重的环境污染危机，突发性环境污染事故时有发生。景区环境应急管理是有效防范和妥善应对突发环境事件，保障生命财产安全和环境安全，促进景区全面、协调、可持续发展的重要保障。

景区环境应急指挥系统以信息网络技术应用为基础，构建了各类环境应急管理信息系统，对空气、噪声、水监测数据，进行分析并超标预警，对指挥调度、现场处置、灾后评估等方面的工作提供了信息化支持。该系统与景区公共发布平台进行联动，能够在第一时间将信息传达到景区的每个角落，便于疏散人群。

(四) 景区动植物信息化管理系统

对野生动植物多样性进行监测是野生动植物研究、保护、管理和资源可持续利用的核心环节。目前，红外相机技术正发展成为陆生脊椎动物（兽类和鸟类）多样性监测与研究的重要常规技术，通过红外相机可以获取大量的珍贵野生动物图像数据。

作为开放的网络交互式平台，野生动植物多样性监测图像数据管理系统是一个集野生动、植物图像数据的存储、分析和信息交流的服务系统，用于管理景区内所拍摄的大量野生动、植物图像数据。该系统的主要目标在于促进野生动植物图像数据得到快速分析和充分利用，为野生动植物研究、保护和管理等提供多种信息服务。

1. 动物习性监测

动物习性监测是指对景区内保护动物的习性进行监测，分析和评价动物习性和种群变化以及影响这些变化的关键因子（包括栖息环境、气候和人类活动等），阐明动物维持机制与保护对策，提出并制定有关动物保护、管理和资源可持续利用的科学决策建议，为决策者和管理者提供咨询服务。监测对象包括监测区域内的所有动物，也可根据具体目标对某些保护动物进行重点监测。

作为开放的网络交互式平台，野生动物习性监测图像数据管理系统用于收集通过各种自动相机（如红外相机、监控器）所拍摄的动物图像数据（照片、视频），是一个集动物图像数据存储、分析和信息交流的服务系统。该系统的主要目标在于促进动物图像数据得到快速分析和充分利用，为动物研究、保护和管理等提供多种信息服务。

2. 植物保护监测

该系统数据库可以集成全景区各种古树名木的地理位置、生长情况、胸径、树高、冠幅、长势、土壤环境、古树名木影像资料、历年救护措施和文化传说等信息，同时系统还提供编辑、修改、更新以及按照不同检索条件进行统计分析等多种实用功能，可对古树名木的地理位置、生长环境、管护措施、病虫害防治等方面进行动态监管，将改变传统落后的古树名木的档案管理方式，有利于科学、合理地保护分散的古树名木资源，实现古树名木的规范化、动态化管理。

景区植物检测系统结构按照功能可分为内网管理模块、管理模块、外网公众模块。

内网管理模块主要包括景区信息管理、古树名木档案管理、名木古树知识、专题数据采集、专题数据建库、专题数据展示、政务信息公开、法律法规、互动交流、专题信息、高级查询、地理信息查询接口、内外网数据同步接口等。

外网公众模块主要包括景区绿地信息互联网地图发布、古树名木信息展示、专题展示、动态新闻图片专栏、高级查询、互动交流、对象地理信息定位及计算等。

管理模块主要包括系统权限管理平台、地理信息接口中间件系统等。

（五）景区能源管理

景区能源管理系统旨在提高建筑内空调、采暖、照明系统的运行能效，减少建筑能耗，是提高能源利用率的关键。通过对大型建筑运行能耗测试及能效诊断可以迅速了解建筑耗能系统运行中出现的问题，并采取相应的措施以改善系统运行状况，提高能效。能源管理系统还对景区水资源的利用进行管理，实现节水的目标。

景区能源管理系统由一个平台和若干功能子系统组成。一个平台是能源综合分析平台，子系统主要有智能路灯系统、用电监管系统、电能质量监测系统、太阳能综合利用系统、用水监管系统、自动苗木灌溉系统。下面对相关系统作简要介绍。

1. 智能路灯管理

智能路灯管理系统作为物联网技术在路灯行业的应用，其目的是利用现代化计算机技术、通信技术实现对照明设施的智能化监控和集中管理。该系统对日益发展的道路照明进行智能化的科学管理，提高道路照明质量和设备维护、检修效率，保证整体亮灯率和设备完好率。同时也可以降低功耗和维护成本，减少人力、物力和电力的浪费。

（1）系统结构与功能

智能路灯管理系统主要由智能照明管理平台软件、多功能监控一体机（RTU）、单灯控制器、电子镇流器（安装在灯头）、防盗报警控制器五部分构成。

（2）系统特点

智能路灯管理系统通过监控中心软件可远程监控所辖范围内所有路灯的自动/手动开关控制及信息数据采集，可以通过不同的控制方式来实现管理上的节能。该系统充分突出了节能减排的思想。

2. 用电监管系统

（1）用电管理系统

用电管理系统主要用于景区内建筑及游乐设施的用电管理，通过对电能量数据的自动采集、传输、存储、统计、计费，实现各种电量（电费）自动结算和用电异常分析及负荷管理，为用电管理提供决策依据，解决电力供需矛盾，顺应迅速增长的用电需求。

系统是面向商业化运营的系统，可以为电力市场提供准确、可靠、安全的电量数据，保证电力市场供、售、购电各方对电能计量自动化的公正要求。系统、全面采用开放的工业及国际标准作为硬件支撑平台和软件支撑平台。大用户用电管理系统主要功能模块包括电能数据采集、数据库维护、档案参数维护、网络平台管理、统计分析、电量计算、多级线损分析、用电异常分析、配变监测、曲线分析、系统报警、图形系统、报表输出、Web发布、信息化集成等。

（2）电能量无功补偿

使用动态无功补偿器可以起到稳定电压、减少电流、补偿无功功率、提高功率因数的作用，克服了浪涌冲击、防止发生谐振、减少部分谐波污染等作用，可以大大提高电网用电效率和设备使用寿命。

（六）景区票务管理

（1）传统票务管理存在的问题。我国拥有很多旅游胜地和名胜古迹，随着改革开放的不断深入和人民生活水平的不断提高，旅游、休闲、度假已成为广大国人民众所热衷的时尚消费。传统的售票及票务管理都是以手工作业为主，导致在某些特定的高峰时段，售票人员的劳动强度剧增，工作效率下降，需进一步普及智能票据的使用。

（2）智能票务管理系统由电子门票、阅读器、触摸式计算机、服务器、工作站、计算机网络和应用软件所组成。其中电子门票是携带的射频识别的载体，也就是射频识别标签在旅游业中的一种具体应用形式。射频识别技术门票具有的技术特点：①支持特殊信息的写入和读取，可以回收利用，满足了低碳环保和降低成本的要求。②超高频技术带有一定的穿透性，读取速度快，不用通过激光或红外线瞄准就能获取数据，达到高效的人性化验票效果。③在堆叠的情况下依然能够读取信息，满足大流量识别，识别距离可以达到10米左右，能满足景区内对游客和车辆的管理。④电子门票还可以作为景区内的“一卡通”，游客在对门票充值以后，可以将其用于景区内的乘车、住宿、餐饮、娱乐及购物等景区内一切消费活动。在每次的消费中，扣除相应的消费金额，而剩余的金额可在游客离开酒店时返还。

阅读器分为两种：一种是安装在景点入口的门禁系统；另一种是分布在景区各主要信息采集点的普通阅读器。触摸式计算机为旅客提供位置和电子导游服务。服务器和工作站架设在景区的网络或信息中心，服务器提供集中的数据库服务、信息服务和应用服务。而工作站则为工作人员提供进行系统管理、数据查询和统计的平台。应用软件和计算机网络系统则为整个系统的运作提供支持。网络系统根据不同景区的实际情况，可以是有线、无线或有线与无线相结合的方式。

(3) 智能票务管理系统的功能。基于射频识别电子标签技术的智能票务系统，融计算机软件技术、电子技术、机电一体化技术于一体，用先进的电子标签和感应IC卡技术与票务信息管理及会员卡消费系统相结合，具有超强的智能化功能：能实现从售票、检票、消费、退票、查询、结算、分析等全过程的信息共享管理一体化，具有形象现代化、管理一体化、信息实时性、防伪可靠性、核算严密性的特点。另外，嵌入电子标签的门票能够实现对景区入口、游乐设施等地点游客流量的统计，以便于结算营业收入，也能根据需要实现电子排队功能。

基于集门票、会员卡、电子支付为一体的射频识别电子门票智能票务管理系统，将景区门票、餐饮、住宿及交通等进行有效整合，为客户提供一条龙服务，使传统手工售票工作电子化，同时实现票务管理工作走向全面自动化、规范化，能够从根本上解决票据查询难、售票劳动强度大的问题，不仅能提高对游客的服务水平，更能提高景区的管理水平。另外，条码技术具有高效率、低成本的特点，有力地促进了智能票务管理系统在景区的应用。

(4) 智能票务管理系统的应用。智能票务管理系统在景区中不仅能够管理游客出入景点，而且能够对游客进行定位，具有多方面的作用。

①开放式门禁。对于旅游景区、运动场馆、音乐场地和其他一些休闲娱乐场所，射频识别电子门票系统能够提供一系列的开放式门禁系统来进行票证管理。这样可以减少因票证伪造所带来的损失。门票既可以简单地由带有射频识别技术的条码打印机来制作，同时也可以将射频识别卡片制作成会员卡、月卡或年卡；而且门票无须拿出，只需放在身上就可以读取，实现开放式的门禁管理。

②景区电子导游。游客在一个景点旅游时，一定会遇到一些问题，如最佳的旅游路线是什么，还有多少景点没有游到，其在整个景区的大体分布如何，从当前所处的位置如何到达这些景点，从当前位置到达这些景点大约需要多长时间，已游过的景点有哪些，在景区的大体分布情况怎样等。这些问题通过传统的技术是无法实现的。这些问题的解决需要基于位置的服务来实现。而射频识别电子门票系统则具备这样一种服务功能。通过游客手中持有的带有射频识别的电子门票以及以一定的密度安装在路边、主要分岔路口或标志物上的阅读器，可以得知游客的相对位置。再通过地理信息系统的支持，并通过在主要交叉路口和标志物所架设的触摸式计算机来回答旅客的以上问题。

③人员定位。采用射频识别技术的电子门票作为数据载体，不仅可以发挥门票功能、出入口管理（门禁管理）功能，还能起到标识识别、人员跟踪、信息采集的作用。人员定位系统结合电子标签门票以及地理信息系统，可以在电子地图上准确地显示出游客或工作人员所在的位置。人员定位系统为人员疏导和景区员工监督提供基础数据。

④人员疏导。人员疏导系统由票务管理系统与广播系统、报警系统、视频监控系统、停车场管理系统等联动组成，能最大程度地发挥其观众引导、查询、危险控制的作用。

该系统主要分为日常及突发状况两种模式。日常通过情报板及广播，结合游客管理系统及人员定位系统的数据，对过度拥挤区域进行人流疏导，避免热门游乐设施排队游客过多。在遇到突发状况时，如火灾、地震等灾害，游客能按系统指示前往出口或者指定的避难处。

⑤人员救援。在旅游过程中，常会出现旅游伙伴走失的现象。如果有了这样射频识别电子门票，可以在团体或伙伴的门票中设置伙伴关系，当伙伴走失时，可以通过触摸屏系统查询其他伙伴当前的大概位置。

⑥景点旅客容量指标实时统计分析。现在，旅游与环境保护的协调发展已成为旅游业的一个重要课题。而旅游环境容量是衡量一个景区生态现状的重要指标。现在可以通过射频识别电子门票实现景点旅客容量的实时监控和统计分析，以保证景点的游客人数在满足景点环境容量限制的情况下最大化地发展。其他旅客可以在家中通过互联网查询到当前指定景点的游客人数，以决定当前是否出游。

（七）景区医疗卫生

景区内人流密集、流动性较大，突发的情况需要配备完善的医疗卫生系统，以保证应急机制的完善。景区需要建设具有大型医院资源支持背景的社区卫生系统，为景区人员提供基本医疗服务和医疗保健（诊治常见轻型病，如感冒、轻微外伤等），并利用信息化手段获得大型医院的资源支持（如远程诊疗、双向转诊等）。

景区医疗系统建设有两种途径：一是景区与大型医院共建景区医院，把景区医院建设成大型医院分院；二是景区自主组建，提供基本景区医疗服务和景区医疗保健特色服务。近年来，人们越来越注重生活的品质，关注身体健康，集健康诊疗与旅游休闲于一体的疗养旅游成为一种比较受欢迎的出游方式。这对景区的医疗功能提出了更高的要求。

1. 景区卫生服务

景区医疗承担景区工作人员的健康管理等职责，所以景区医疗还推广开展医疗、预防、保健、康复、健康教育的景区卫生信息服务，推广建立以个人健康档案为基础、景区内家庭档案为单元、景区档案为区域的连续、全方位的电子健康档案系统，同时需要结合基本医疗保险、疾病预防控制，建立一体化的信息服务系统。

2. 远程医疗

很多景区距离市中心较远，景区内的医疗水平有限。远程医疗突破了距离的限制，大幅提升了景区的医疗救助能力。

远程医疗是指通过计算机技术、通信技术与多媒体技术，同医疗技术相结合，通过数据、文字、语音和图像资料的远距离传送，实现专家与病人、专家与医务人员之间异地“面对面”的医疗就诊与保健咨询活动，旨在提高诊断与医疗水平、降低医疗开支、满足广大人民群众保健需求的一项全新的医疗服务。远程医疗在应对突发重大事件中能起到关键作用。目前远程医疗在国外许多国家尤其是一些发达国家，这一先进的医疗技术已被广泛应用于脑外、胸外、眼科、心脏、放射、皮肤等多种医学专科的诊断治疗和疑难重病的专家会诊中。

远程医疗分为三部分：一是医疗服务的提供者，即医疗服务源所在地。具有丰富的医学资源和诊疗经验。二是远地寻求医疗服务的需求方，即景区医院。三是联系两者的通信网络及诊疗装置。

（八）景区交通管理

智慧旅游运输系统的实质就是将智能交通的先进技术手段，包括车辆控制技术、信息技术、数据通信传输技术、电子控制技术和计算机技术等综合运用于整个旅游交通运输管理体系之中，使人、车、路更加协调地结合在一起，建立一套实时、准确、高效的管理体系，从而提高旅游运输的效率和安全性，使旅游运输实现智能化，最终达到进一步促进旅游业发展的目的。

旅游交通一般分为“旅游大交通”和“旅游小交通”。旅游大交通又称外部旅游交通，通常是旅游客源地与目的地之间的交通，它决定旅游者进出旅游目的地的次数，对旅游业的发展具有战略意义。旅游小交通是旅游目的地之间的内部旅游交通，它决定旅游者在目的地内正常流动和分流，对旅游发展具有现实意义。对于旅游大交通，我国已经建立起包括航空、铁路、公路在内的部门交通信息系统或客票分销预订系统；对于旅游小交通，已经建立起许多旅游目的地或城市交通信息系统。

旅游目的地交通系统以交通道路网的地理位置作为中心，将交通特征数据与地理空间的点、线、面结合，形成一个完整的、多层次的空间数据库，并建立相关模型数据库。在地理信息系统、GPS和多媒体技术等通信与信息技术的支持下，旅游交通信息的采集、空间信息处理、旅游交通信息的发布、跟踪诱导、决策模拟等空间分析和定向服务功能得到显著加强。旅游者在出行前，通过计算机以及手机、固定电话等终端，可以获取当前的交通和道路状况及服务信息，选择出行的方式、时间和路线。在出行的途中，可以通过车载信息单元或景区路边动态信息显示屏（LED显示屏），了解景区道路条件、交通状况、车辆的运行情况等实时信息，通过路径导航系统对车辆定位和导航，使旅游者能有效地行驶在最佳路线上，以最佳的出行方式和路线到达目的地。

我国交通信息化建设成果显著，“数字交通网”已经初步成形。信息技术的应用给交通运输业发展水平带来了效率的显著提高。旅游交通运输是整体交通运输业的一部分，重点是服务于旅游景区和游客。旅游交通对信息资源共享提出更高的要求。

旅游交通是交通运输的一个重要组成部分，旅游交通不能等同于普通的公共交通，旅游交通的特征不能简单地用交通的特征或者旅游商品的特征来代替，旅游交通应该突出交通的旅游功能。其主要功能是满足旅游者的需要，使旅游者实现快速、舒适的行动，同时也满足旅游者休闲、观赏、猎奇等寻求愉悦的需要；而这些需要与使用一般交通的乘客只实现空间转移的需要是不同的。

1. 旅游交通的特点

旅游交通具有交叉性和共享性的特点。交叉性是旅游业和交通运输业的融合和交叉。共享性是旅游交通中的进出景区的交通与其他公共交通可以相互通用，但景区内的旅游交通一般具有专有性，仅供旅游专用。作为一个交叉性产业，旅游与传统的交通运输业有许多的普遍共性，同时，作为一个独立的产业，又有其独特性。

（1）游览性

旅游交通与公共交通的一个重要区别就是游览性，旅游交通具有较强的游览性，强调旅游过程中的舒适性、体验价值。公共交通一般主要作用是目的地之间的直接运送，而旅游交通除了在旅游客源和目的地之间进行直达运输，在若干个目的地之间进行环状运输，使旅游者在最短的时间内到达目的地便于游览外，还强调设施、服务方面的最优化，让旅游者的体验效用达到最大化。

（2）季节性

旅游本身具有较强的季节性，因此，旅游交通伴随旅游者的出行变化，也具有很强的季节性。旅游交通伴随季节和时间的变化具有明显的规律性。旅游旺季，旅游者客流迅速达到高峰值，而旅游淡季则客流量稀少。这种季节性也给旅游交通带来了很大的困难，如何做到淡、旺季有针对性的运营，既为旅游者提供足够的运力，同时又能创造更大的经济价值，这个问题有待突破。

（3）区域性

旅游交通除了与公共交通共享的部分外，大部分的线路具有区域性，因为旅游本身就具有一定的区域性。旅游交通的线路根据旅游者的流向、流量、流时和流程等因素，集中在客源地和目的地、目的地和目的地之间，具有明显的区域性。

2. 物联网在旅游交通中的应用

物联网应用于旅游交通运输中，主要体现在对交通运输工具的管理和交通运输服务这两个方面，包括多个具体的应用。

（1）车辆追踪方案

对于交通运输行业，交通安全和准确的 ETA（预计到达时间）通常是其取得成功的关键性因素。相应的解决方案，能够让客户在规划、调度、安全和监控等方面受益。

车辆追踪解决方案采用射频识别技术和移动通信技术，主要由车载终端系统、车载闭路电视系统和中央信息系统构成。通过车载计算机系统与GPS和GSM/GPRS集成的终端，将实时位置追踪信息通过公网或SMS发送至目标系统。中央信息系统根据网络返回的定位数据，将在正确的街道地图进行显示，以帮助车辆行驶和监控。车载闭路电视系统与车载计算机系统连接，发送实时图像或视频至中央信息系统以防盗窃或罪犯。

实时报警系统安装后，遇险的司机或乘客可通过座椅上的紧急按钮发出报警，通知中央信息系统和警方。

司机注册系统，利用射频识别技术和生物识别技术，向每位司机发放一个射频识别技术驾照，这个驾照里包含司机的指纹数据和个人信息。司机必须出示有多个生物识别因子的识别卡才能登记，任何无效登记行为都将触发报警至中央信息系统。

射频识别汽车标签是可贴在挡风玻璃内的行驶证电子标签，可以识别车辆身份。

车载多媒体广告系统，利用Wi-Fi技术和车载计算机系统集成，用于数据同步或终端，是出租车、公交车或租赁车辆的理想选择，可为乘客提供广告信息并带来额外收入。

实时车辆调度系统的呼叫中心，可以让调度员高效调度车辆。

该解决方案系统经过集成，可满足用户在不同阶段的需要：从“低成本、高效率”基础硬件和系统设置到基于现有平台的“增强系统”，再到最终的“增值服务”，并可提高用户的投资回报。

（2）停车场管理方案

景区停车场面临的几个问题：需要工作人员轮班，才能实现24小时不间断运营；由于停车场面积大，需要大量工作人员进行监控；人工收费等候时间较长，导致排队挤塞；行人随意进出，缺乏安全性。

停车场管理方案正是针对上述需求设计，目的是通过利用射频识别技术实现人员和车辆出入控制。系统提高了停车场的使用效率，减少了停车场人力资源，实现了停车收费自动化。同时，配合智能视频监控系统，实时监控车辆和人员出入。还可以利用指纹识别、面相识别技术，提高安全性。

3. 旅游交通一卡通

交通一卡通是采用射频识别技术的非接触式 IC 卡，用以实现支付交通费用方面的功能。交通一卡通系统是以统一发行的射频识别卡作为各种交易费用的支付介质，利用先进的计算机网络、自动控制、信息处理、通信等技术建立的以卡发行、消费、结算为基本业务的应用系统。包括卡的制作、发行、充值、结算清分、退换和回收管理等多个环节。旅游交通一卡通可以与现有交通一卡通系统衔接，并与景区票务、酒店、餐饮以及其他和旅游活动相关的系统相结合。

4. 智慧旅游交通系统的构建

智慧旅游交通系统的主要目的是保障旅游交通运输的安全性、舒适性、准时性和高效性。此外，智慧旅游交通系统是一个涉及众多组织协调合作、研究、开发、实施、调控的大系统。智慧旅游交通要实现的功能决定了其系统结构。而智慧旅游交通系统的结构决定了智慧旅游交通系统的技术应用和有关信息要求。

根据系统设计的目的和体系结构的具体特点，将智慧旅游交通系统划分为旅游交通指挥中心、旅游交通信息服务、旅游交通安全保障、旅游交通特殊服务四大模块。

（九）景区智慧购物

1. 智慧购物

旅游购物作为旅游业吃、住、行、游、购、娱六大要素之一，对促进旅游经济效益发挥、推动旅游目的地发展具有重要的意义。旅游购物，简单地说就是发生在旅游过程中的购物行为，它是旅游与购物的一个综合行为。旅游购物是旅游过程中不可缺少的一个重要环节，旅游购物是发生在旅游过程中的购物行为，在包含购物本身的同时也包含了因购物活动而产生的其他活动，如在商场品尝当地特色食物、参观土特产加工等。这种活动本身不仅能增加游客的兴趣，同时也让游客对当地风俗习惯等有了更深的了解。旅游购物活动是一个复杂的活动，它不仅仅包含购买行为本身，同时也是一个重要的经营亮点，是加深游客对旅游目的地了解的一个重要渠道。无论购买什么东西，无论产品性质如何，购物过程本身就是一种“体验”，从本质上说，旅游购物是一种休闲体验活动。在发展旅游的过程中，应着眼于为游客打造美好的购物体验，提高游客的购物体验效用，以提供难忘的旅游经历为目标，以文化内涵为灵魂，提高游客购物的附加价值，不断提高旅游购物的吸引力，使游客获得难忘的、独特的购物经历和购物体验。

优良的购物环境为游客更好地完成消费活动提供舒适、卫生、安全的空间，更易激发游客的购买欲望，满足游客的购物需求。同时优良的购物环境还为游客提供舒适、便捷及尊贵的感受，提升游客购物的体验度。旅游者身处在琳琅满目的商品购物中心时，如何从众多的商品中挑选自己心仪的商品，从而获得最大的体验效用，成为一个难题，智慧的购物也应运而生。

智慧的购物，用信息化手段全面塑造购物新体验，在零售业领域全面、深入地利用现代信息技术，极大地变革了人们的购物消费模式和购物环境。随着触控技术、射频识别等高新技术在零售营销领域的应用，构建基于物联网的智能购物环境，将物联网技术应用于商品展示、介绍、销售、物流配送等业务全过程，从而改变了零售业的模式发展和技术进步，也让人们获得了更多的便利，提升了消费者的消费体验，同时又催生了更多新技术的开发与应用。

智慧的购物利用触控技术、射频识别等信息技术全面、有效地遍布整个购物场所，它将有助于商家最大限度地发挥智慧购物设施的效能，提高货架的利用率、加强产品安全管理、改善数据采集并获得精确数据。对于旅游者，可以减少寻找商品时间、排队付款时间，从而获得更高的体验效用。其基本特征包括以下几个方面。

第一，便捷。通过触控技术、射频识别等信息技术提供商品信息和一次性支付各种商品费用，增强了游客体验。

第二，高效。实时进行数据分析和预测，可避免浪费，促使客流达到最大化。

第三，经济。支持商品卖家和购物交易的有效开展，实现资源的合理配置。

第四，集成。实现商品信息的高度集成和共享，采用统一的平台和模型，实现标准化、规范化和精细化管理。

第五，可预测。持续进行数据分析和建模，改善商品流、人流和基础设施规划。

2. 旅游个性化电子超市

旅游资源包括吃、住、行、游、购、娱等大量资源信息，对于客户来说进行资源筛选不是一件容易的事情。旅游个性化超市针对上述问题，在数据仓库技术的基础上，运用在线分析和数据挖掘技术来分析和处理大量的旅游资源，并与客户注册信息和客户浏览模式相结合，智能化地分析用户感兴趣的旅游商品和服务，通过特定的商品展台展示到电子超市中。

旅游个性化电子超市是商务智能的全新扩展，是在传统电子超市基础上建立的智能电子超市系统。传统的电子超市只是销售实物商品，而旅游个性化超市以向客户提供个性化服务为目的，通过分析客户的个人信息和客户的浏览行为来针对不同客户提供动态、实时的个性化服务，并将这些服务作为特殊化的商品展示在电子超市中。对于网站用户来说，可以通过旅游电子超市来选择个性化的商品和服务。旅游个性化电子超市最大的特点是用户在访问电子超市的时候，感觉这个超市就是为其自己设立的，其中所有的商品和旅游服务都是其所感兴趣的，极大地方便了用户。

（1）个性化商品

个性化商品主要是指为顾客提供的服务，把服务作为一种特殊的商品，旅游电子超市中突出其智能化的特点，包括景区景点的推荐、导游推荐、个性化旅游路线的推荐及酒店、旅行社推荐。许多游客访问旅游网站在选择时往往要考虑路线、花费等各种因素，对于海量的信息进行筛选，很难做出适当的选择。旅游个性化电子超市通过个性化服务系统，在分析用户需求的基础上，智能地从网站的资源库中筛选出符合用户需求的资源，为其提供个性化服务。

（2）系统总体设计

整个旅游个性化电子超市系统是一个引入数据挖掘技术的电子商务系统。该系统的业务逻辑主要是实现客户端和服务端之间的商业信息交换，这些业务逻辑由以下模块组成。

①商品信息展示模块。包含一个针对不同用户设定不同权限的商品信息数据库及数据库管理系统，提供商家的商品信息发布、存储、维护和商品推荐、促销活动的展示等功能。

②购物车。记录游客所选商品的系统，允许进行商品信息的录入、修改与删除，并包含在网上付费系统的接口。

③在线支付模块。客户可以选择各种支付方式进行在线支付。

④个性化服务模块。主要是通过分析用户注册信息为商品信息展示模块提供商务智能支持，为客户提供个性化商品。

（3）系统具体设计

个性化服务系统是一个集数据挖掘技术、数据仓库技术和客户管理于一体的综合应用系统，通过分析客户的注册信息和浏览模式，向客户提供个性化的推荐服务。系统分为业务处理模块和个性化服务模块，还包括旅游数据采集。

3. 电子支付系统设计

电子支付作为网上购物的关键，既要使客户感到方便、快捷，又要保证交易各方的安全保密，因此安全在线支付显得尤为重要。目前有两种支付协议已被广泛采纳和应用，一是安全套接层协议，二是安全电子交易协议。虽然 SET 协议比较安全，但是实现起来很复杂。

本系统是基于 SSL 的电子支付系统，通过使用对称密码技术和公开密码技术，保证信息的真实性、完整性和保密性。SSL 客户机和服务器之间通过协商，建立一个安全通道。在安全通道中传输的所有信息都经过了密钥加密处理，以确保信息的机密性。SSL 利用密码算法和 Hash 函数，通过对传输信息特征值的提取来保证服务器和客户机之间信息的完整性。利用证书技术和可信的第三方 CA，让客户机和服务器相互识别。

（十）景区公共信息发布系统

在景区、酒店等地，公共信息通过公共广播、LED 屏幕、手机短信等方式传达给游客，以实现景区宣传、路线指导等功能。

第三节　智慧景区建设的对策

一、智慧景区建设的发展趋势

（一）构建全方位信息网络平台

首先，加强旅游信息数据库建设，保证信息的全面性与时效性。要素全面的信息能够为旅游者提供一站式服务，为旅游消费提供方便；时效较强的信息能够消除游客顾虑，为游客提供透明信息和安全保障。其次，注重旅游信息服务功能开发。堆积成山的信息数据如果不加以利用，就只能满足查询功能；对信息加以运用，开发产品和服务，才能让信息增值。例如，根据游客特征，为其提供与之相适的产品和服务建议。再次，方便用户使用。基于用户视角，开发便捷的数据应用终端，使用户利用手机、平板电脑等掌上设备即可轻松获得导游、导览、导购、导航等服务。

（二）丰富智慧化旅游体验产品

智慧景区的发展建设并不只是满足基本的信息查询、视频监控等功能，而是应当充分利用现代科学技术，结合旅游景区历史文化、自然奇观等内容，开发与之相应的智慧旅游产品，如手机游戏、5D 电影等，从而增强游客体验，提升旅游价值。

（三）加快多类型景区共同建设

智慧景区的发展建设，既是景区个体行为，也是旅游信息化背景下各类旅游景区发展的必然趋势。智慧景区的发展建设将经历的过程：经济发达区域带动经济欠发达区域，经济发达区域旅游景区特有的市场和区位优势促使其首先产生智慧旅游需求；高等级景区带动低等级景区发展，高等级景区智慧旅游发展建设将产生示范效应，引导低等级景区开展智慧旅游；不同资源类型旅游景区开展智慧旅游建设，如山地景区、海岛景区、文物景区和博物馆景区等将逐步发展，建成智慧景区。

（四）实现各智慧景区互联互通

独立的智慧景区仅能满足游客在该景区内的应用需求，联合的智慧景区则能方便游客各方需求，从而增强服务能力、优化旅游体验、引致旅游消费、提升旅游质量。在智慧景区发展建设初期，各景区根据自身需求，有针对性地进行项目建设，并未从区域旅游整体联动的角度考虑，智慧景区建设是分散的、各自为政的。随着旅游发展优化升级，景区间、目的地范围内旅游要素的互联互通成为必要，分散的智慧景区将逐步归入更大体系，直至形成统一整体。例如，智慧景区首先与旅游目的地范围内各要素体系互联互通，进而与市级、省级乃至国家级智慧旅游体系互联互通，从而逐步发展成为智慧旅游统一综合体的有机组成部分。

（五）大数据拓展智慧景区功能

当前，智慧景区的发展建设主要集中于实现信息查询、视频监控、电子导游、智能门禁、安全预警等功能，功能应用尚处于初级阶段，未能充分实现“智慧化”。在大数据背景下，信息的采集、利用成为可能，充分运用大数据和智慧旅游，破解旅游景区发展中人满为患、交通拥堵、环境破坏等现实难题，从而真正做到智慧服务、智慧管理和智慧运营，推动旅游业健康可持续发展。

二、智慧景区建设的对策建议

（一）转变发展理念，对接社会需求

智慧旅游景区建设应当从以景区管理为主，转变到为游客提供智能

服务为主。景区在进行智慧化建设的过程中，应当树立“游客为本”的理念，即智慧旅游建设的首要目标是提升游客体验，为游客提供便捷的服务，满足游客的个性化需求。从景区管理的角度出发，游客需求是景区智慧化建设的风向标，实现景区智能技术与游客智能设备无缝对接，能够使得游客在指尖获得景区提供的优质、便捷和高效服务。赢得游客欢迎，获得口碑效应，树立品牌形象，方能实现智慧旅游景区建设的潜在价值。在满足游客需求的同时，适当地嵌入智慧旅游景区其他功能，如景区管理、旅游发展、市场营销等，由此逐步实现旅游景区的全面智慧化。

（二）制定发展规划，明确建设思路

旅游发展规划先行，智慧旅游景区的建设也毫不例外。在景区智慧化建设之前，应当进行科学的考察论证，根据景区的现实特征，因地制宜地选择智慧旅游景区建设方案。不同景区具备差异化的性质特征，在智慧化建设的过程中，技术应用、侧重对象和建设进度各不相同，通过科学的规划、指导智慧旅游景区建设实践，可以避免盲目建设所造成的资源浪费，由此实现智慧旅游景区建设有条不紊地进行。景区在智慧化建设时应当明确思路，根据自身资金、技术、人才的现状，分清主次、抓住重点、循序渐进地推进智慧化建设进程。例如，将智慧旅游景区建设分成若干期工程，在总体规划的指导下，科学有序地推进其建设，从而逐步健全智慧旅游景区体系，完善智慧旅游景区功能。

（三）拓展融资渠道，实现平稳推进

无论是政府主导的大型品牌景区，还是民间经营的小型特色景区，资金短缺是景区智慧化建设所面临的主要问题，只有拓展融资渠道，吸纳各方资金，才能促进智慧旅游景区建设。不可否认的是，只有当智慧化建设能够为景区带来切实的利益时，景区智慧化建设才能确有实效；同样，景区的智慧化建设只有能为参与方带来切实利益时，才会真正吸纳到资金。景区融资可从以下方面进行。

第一，以景区资产作为抵押，向银行贷款。

第二，吸引当地居民参与景区智慧化建设，景区以改善当地社区环境作为置换，并提供一定的就业和优惠等利益分配。

第三，分批预留建设资金，有序推进智慧旅游景区建设。

第四，与网络、信息等技术公司建立合作关系，实现先建设后付款。

第五，利用政府给予的优惠政策进行融资。在资金有限的情况下，精简组织结构，缩减运营成本，提高管理效率，实现智慧旅游景区的经济效益。

（四）创新技术应用，强化功能集成

智慧旅游景区的功能是综合性的，应当满足各方需求。目前智慧景区基础设施建设还相对落后，不能适应服务广大游客的需求，但随着智慧体系的不断健全，智慧功能的不断完善，智慧旅游景区将不再是单纯满足导游、导览、导购、导航等需求的单体功能，也不是对旅游服务、旅游管理和旅游营销的简单综合，而是全方位、多层次、立体化的功能集成。因此，应该根据景区发展的实际需要，对现有技术进行综合应用，开发适应景区发展的新技术，对工具和技术进行创新，在工作人员、旅游资源、经营资产等方面实现全方位管理，在技术层、网络层和应用层实现多层次集成，在技术应用、信息采集、数据分析等方面实现立体化操作。深化应用基础技术，创新开发高新技术，以实现智慧旅游景区的创新发展。

（五）树立典型案例，形成示范作用

目前智慧旅游景区建设尚处于探索阶段，对技术的应用、建设的内容尚不十分明确，也没有现实的标准可依，政府需要进行一定的扶持和指导，促进智慧旅游景区的建设，这就需要培养一定的经典案例，在区域乃至全国形成示范作用。一方面，在空间区域范围内树立典型。因为同一区域的经济、社会和文化发展水平差异较小，智慧旅游景区的构建具有一定的可复制性，并且容易进行联动发展，促进区域整体智慧化水平的提高。另一方面，在同一类型的旅游景区中树立典型。因为不同性

质的旅游景区在空间范围、资源属性、游览需求等方面差异较大，如自然风景地和博物馆，其进行智慧旅游景区建设的方案、重点和项目差异较大，而在相同类型的旅游景区中树立典型，则有利于景区进行准确定位，明确智慧旅游景区建设方案。

（六）构建智慧标准，规范景区运营

目前，智慧旅游景区没有建立统一的软硬件运行平台，缺乏统一标准，共享协同有待提升。虽然不同区域、不同类型的旅游景区在进行智慧化建设的过程中发展思路各不相同，但其基本指导思想、构建原则、主要目标等则是具有共性的，因而，从顶层设计的角度，对智慧旅游景区建设进行规范是十分必要的。应该尽快制定推荐性的《智慧旅游景区建设和评价标准》，从宏观角度进行指导，从微观层面进行解析，测量智慧旅游景区的主要进度和发展水平，为旅游景区进行智慧化建设提供科学可行的依据。在发展实践中，制定规范，统一标准，分散构建，实现区域和景区间的互联互通，有利于整体上规范智慧旅游景区的发展。

第四章

智慧旅行社

第一节　智慧旅行社概述

旅行社的业务环节代表了旅游业，是旅游业发展的一个缩影，但目前旅行社的智慧建设是最薄弱的，应用实践也少于旅游餐饮业，其原因主要是我国旅行社规模都比较小，业务模式分散，管理流程不规范等。另外，旅游业务错综复杂，人为因素多，这给智慧系统的开发建设带来一定的困难。虽然在网络组团以及移动服务方面有许多进展，但大多数的应用实践都来自 OTA 服务商，传统旅行社智慧建设的行动远远落后于 OTA。如何打破传统旅行社经营中固化的墙，让传统旅行社经营在线化和数据化，这需要移动“互联网＋”的技术支持，也需要旅行社经营者更新经营理念，用互联网思维改变旅行社的经营模式。只要大多数中小规模旅行社都互联起来，并与相关行业如景区、酒店、金融、交通互联起来，内部业务流程都在线化，智慧旅行社的发展就水到渠成了。

旅行社的信息化建设这几年发展很快，因为 OTA 的快速发展加快了旅行社的在线化建设，传统旅行社要生存发展就必须融合现代的互联网，使得智慧旅行社建设成为旅行社企业发展的必然。

一、智慧旅行社的概念

究竟什么是智慧旅行社？怎样的旅行社在经营管理中是有智慧的？这些目前没有一个衡量的标准。至少作为一个智慧旅行社，它在某一个管理或服务方面具有完善的信息系统，或者有完整的数据集合。例如，旅行社的在线组团，如果它有完整的网站平台，不管这个网站是PC机形式的，还是手机终端形式的，它后面有完整的产品信息集合、资源信息集合和客户信息集合，在通过网站发布线路信息后，能得到众多客户报名的响应，这样的在线组团业务是有智慧的，它在信息发布、组团报名、支付流程等环节实现了智能的自动化处理。有些旅行社在营销方面做得非常好，它们充分利用了移动互联网的便捷性，利用社交网络便捷的沟通交互功能，建设了如微信服务号等应用平台，展开了专业的沟通式营销，在服务号中既提供服务，又开展营销，收到了非常好的营销效果，形成了固定的客户群，用社交网络实现了旅行社业务的在线沟通、线下服务，也是一种非常好的O2O模式的智慧营销。

旅行社的智慧建设除了围绕做好服务、做好营销，做好经营管理的智慧建设也非常重要，它影响到企业的发展和经营中的管理成本。因为旅行社的经营管理要考虑企业间的竞争，要考虑未来产品的设计是什么，要考虑面向怎样的客户群体，还要考虑旅行社扩展经营的成本问题，以及未来发展的方向等问题。这些都属于旅行社经营中的管理问题，它们的智慧建设都涉及业务间数据的交换、数据的积累、数据的使用等问题。因此，旅行社智慧管理的建设需要一定的规划和数据的支持，尤其是大数据的使用。没有大数据，管理中的智慧很难形成和产生，就像一个成年人一样，青年人的智慧一般不如中年人的智慧，因为中年人脑子里累积了许多经验数据，而青年人还没有成熟的经验数据。旅行社的智慧管理也是一样，有了丰富的数据，就可以实现旅行社产品的智慧设计、旅行社经营方向的智慧预测、旅行社经营成本的智慧控制，以及对旅行社常客的智慧关怀等。一个完整的智慧旅行社架构需要把旅行社经营中的智慧服务、智慧营销和智慧管理串起来，实现各应用系统间数据交换和数据流动，这就是需要应用系统的平台化建设，整合系统所有的数据，这样才能逐渐形成经营中的智慧，形成一个有竞争力的、相互能感知的智慧旅行社。

二、智慧旅行社的定义

智慧旅行社目前还没有严格定义，因为其业态还在发展过程中，它的发展目标还在探索中，可以从多种角度解释智慧旅行社的含义。

第一，从应用的角度看，智慧旅行社是指以旅行社信息化建设为基础，基于互联网和移动互联网的技术应用，充分利用云计算技术、物联网以及大数据等新技术，实现各信息系统间数据的智能流转，将旅游要素配置、游客招徕、旅游产品开发、市场营销和旅游管理服务等旅行社业务实现在线化、数字化和智能化，形成一个高效管理运行和服务的、相互能感知的新型旅行社，从而为游客提供个性化的敏捷服务和定制服务。因此，智慧旅行社强调的是数据释放和流转、相互的感知以及不同系统应用的智能组合。相对而言，OTA 是智慧旅行社的基础，在线旅行社主要突出用在线的服务方式，为游客提供便捷的服务。智慧旅行社是传统旅行社的在线化，并在在线化的基础上，强调技术不断升级，服务更加人性化、个性化，强调与环境的在线互动。应用实践表明，智慧旅行社的服务是智慧型和有记忆性的，相互之间是可以感知的，通过感知以及数据的在线分析，形成真正意义的智慧旅游服务。

对于旅行社企业来说，在线旅游只是其旅游经营业务中的一部分，大部分的建设工作主要是所有业务的数据化，如业务流程的数据化、内部管理的数据化、客户档案的数据化以及外协业务的数据化等。由于旅行社的所有服务基本是采购，自己仅是组装服务或包装服务，这给传统旅行社的数据化工作带来一定的难度，这也是为什么智慧旅行社建设落后于智慧酒店的一个原因。智慧旅行社的建设不仅仅在于自己本身，它和当地的旅游局、景区、酒店、农家乐等多部门都有数据交集的环节，进行智慧化的业务流程建设都需要通过合作才能开展下去，如住宿业务的流程、景区游览业务的流程等。

第二，从技术的角度看，智慧旅行社的建设主要是信息通信技术的应用，如新一代的物联网技术、移动互联网技术、云计算技术、精准定位技术，用这些技术建立一个智慧型的综合平台。旅行社所有的管理业务及流程都与物联网有关，旅行社所有的信息系统实施都与云计算有关，旅行社的所有服务业务及流程都与精准定位技术和移动互联网技术有关。如旅行社组团需要有智慧型的系统，旅行社连锁业务管理需要有智慧型的系统，旅行社市场营销，尤其是基于网络的营销需要有智慧型的系统，旅行社客户关系管理需要有智慧型的系统，旅行社的电子商务更需要有智慧型的系统。这些技术系统智慧的基础就是所有业务流程数据化形成的大数据，它由旅行社的数据中心负责运维管理，是智慧旅行社建设的关键内容。

第三，从游客的角度看，智慧旅行社的建设成败主要在于是否能提供智慧型的服务。旅行社要组织游客开展旅游活动，涉及预订服务、导游服务、导览服务、支付服务等，这些服务需要针对不同个性化要求的游客有智慧地去处理。如旅行中的住宿有不同要求，旅行中的餐饮有不同要求，游览中的行程和线路也有不同要求，智慧旅行社就不能标准化地提供这些服务，而是个性化地满足各种游客的不同需求，通过智慧的方法提供这些个性化的服务。在智慧旅行社的目标要求下，未来的旅行社可以为每一个游客定制服务，而这些服务可以通过智慧型的系统记忆下来，当下一次游客出行旅游时，旅行社就可以便捷地提供这些服务。

三、智慧旅行社建设的重点和架构层次

智慧旅行社新业态的建设和应用，其实并不只是旅行社本身要做的事情，旅行社的智慧旅游是将游客、旅游经营者及旅游资源管理者等整条产业链上所涉及的各相关行业和部门的服务环节相互贯通，也就是每一个服务环节都需要释放数据，体现数据的上下流通，最后才能体现旅游服务的智慧。这是一个大的发展趋势，但对于旅行社企业来说，要做通这些环节有时候很难，有时候一些小小的服务环节就会影响旅游整体服务的智慧。这就需要全社会的互联互通，用“互联网＋”的思维去整合各行业的环节点。只有这样，智慧旅行社才能实现。同时需要注意的

是，基于旅游行业的特性，智慧旅行社必须建立在为游客提供服务的思想上，把旅游六要素相对应的服务用数据关联起来，旅行社的智慧旅游其实就是一种更趋于完美的旅游服务，突出的是个性化服务上的智慧。

（一）智慧旅行社建设的重点

近几年旅行的模式随着信息技术的应用正在逐渐转变，自由行、自驾游、散客时代的定制旅游等对旅行社的市场带来了很大的冲击，智慧旅行社的建设对 O2O、定制旅游的开展也将产生积极的影响，如何在智慧旅游建设中加大旅行社的市场份额将是该行业中比较有挑战性的研究课题。

已有的实践表明，智慧旅行社建设的内容总体上是以游客服务为主体，以现代信息技术为基础，以信息和数据作为战略资源，以人力资源及相应的组织模式为建设保障，在大幅度提高旅行社信息服务能力的同时，以增强旅行社的市场竞争力为建设目标，更好地满足市场发展和游客的信息服务需求。简言之，旅行社智慧化就是以数据作为生产力不断提升游客满意率的过程。智慧化的主要特征是：流程数字化、生产柔性化、组织弹性化、经营虚拟化、学习网络化、管理一体化和人本化。智慧化对旅行社行业的未来发展具有深远的影响，因此旅行社围绕智慧建设主要包括智慧服务的建设，涉及组团、客服、支付等服务；智慧营销的建设，涉及微信平台、舆情监测、效果评估等内容；智慧管理的建设，涉及产品、销售、服务、结算等管理；大数据建设，涉及数据整合、数据分析、数据服务、平台化建设等内容。

（二）智慧旅行社建设的架构层次

在目前的智慧旅行社应用实践中，根据智慧旅行社的建设规范可以将智慧化建设的架构分为四个层次，分别为面向旅行社的基础设施建设层、面向旅游管理的应用层、面向公众和游客服务的应用层、面向旅游营销的应用层。

第二节　智慧旅行社建设的内容

和旅游景区一样，智慧旅行社如何建设在不同规模的旅行社差异性都很大。有些旅行社规模比较大，建设的内容比较全面和完整，包括智慧管理、智慧服务、智慧营销等内容。但我国旅行社规模小的居多，许多旅行社对平台化建设并没有能力进行，大多数是简单地做些营销方面的智慧建设，如做个微信服务平台、微网站等，开展一些低成本的微营销。

一、面向旅行社的基础设施建设层

基础设施对智慧建设非常重要，主要包括网络基础、数据基础和管理基础，其中管理基础主要针对技术系统应用须具备的组织职能和制度。但旅行社哪些应自己去建设，哪些应由社会或政府去承担，需要了解清楚和掌握好。对于中小旅行社更多的是利用社会的基础设施资源，而不是自己去建设。下面主要针对旅行社智慧化建设中的网络和数据基础设施等内容进行简要介绍。

（一）旅行社无线网络等基础设施建设

接待中心或待客区域覆盖无线宽带网络，游客在咨询及购买服务时可以方便地将手机、平板电脑等终端以无线方式连接上网，获取需要的旅游或行程信息，以满足顾客沟通、查询等的服务需求。

（二）旅行社物联网基础设施建设

该建设主要包括配备基于物联网的自助服务终端、RFID识别标签分布等，可供游客自助查询旅游信息、导游信息、选择导游等功能，并支持银行卡刷卡消费等功能。建设的范围主要是办公区域、接待区域以及车队和团队等。这样的网络基础可便于旅行社的车辆管理、资产管理、员工管理以及团队管理等。

（三）旅行社数据基础设施建设

旅行社数据基础设施主要是针对临时存储的业务数据，而系统运行的云服务数据设施可采用租用的方式。在数据基础设施建设中，从业务需求和实际应用出发，应制定统一的数据采集标准、数据接口标准，建立符合自身条件的旅游信息采集长效机制，同时建立旅游资源、旅游线路、游客信息等业务数据库的共享机制，解决智慧管理和智慧服务的数据交换和共享问题，建设目标是释放各应用系统数据的流动性。智慧旅行社的数据库有私有云数据和公有云数据之分，它们通过云数据中心实现无缝对接，拥有完善的信息使用安全保障机制。旅行社仅关心自己的私有云数据设施的建设即可。

数据基础便于旅行社业务的协同管理，如不同管理部门之间的协同、内部业务和外部业务之间的协同、管理与服务之间的协同、旅行社与政府部门之间的业务协同，这些协同都是在数据基础上通过数据服务的策略来实现的。

二、面向旅游管理的应用层

智慧旅行社面向经营管理的智慧建设是重点，因为旅行社经营涉及复杂的协作网络和各种类型的应用系统，除了内部业务流程管理的内容，还有复杂的外部协作业务的管理内容。这些管理都是建立在数据基础上的各种应用系统，下面选择几个主要的管理型应用系统进行介绍。

（一）团队游客管理和旅游电子合同管理系统

游客管理主要是为了有效销售和客户维系，挖掘有价值的客户资源，智慧建设主要针对游客客户的服务需求展开；智慧旅行社的电子合同管理是智慧建设的重点，它影响到组团的效率和管理能力。合同中须对目的地、旅游线路、住宿标准及酒店名称、行程详细安排等作出明确标识，并可提供手写签名设备，供用户进行手写签名，与数字签名绑定形成电子签名。系统可打印出带光学水印和二维码的防伪纸质合同，对合同进行统一编码管理并通过专门流程上报管理部门，作为备案。游客可通过合同编号登录旅行社信息门户网站查阅合同电子文本并核对。这些管理都和销售管理与营销管理对接（通过数据服务的策略），可提高旅行社经营的效率和效益。

（二）导游管理系统

系统可为旅行社的导游进行业务档案管理和业绩管理，为旅行社所属的导游建立导游电子档案并与导游证编号相互关联，实现在线化的管理；也可实现对义工导游的管理，当业务需要时可以随时通过网络互动，相互感知导游管理上的需求。游客可以通过导游证编号查询导游的行业记录和资质年检情况。

（三）车载定位监控系统

该系统可对旅行车辆进行可视化管理，针对旅游大巴、景区公交等车辆，通过GPS定位等技术进行实时跟踪和监控管理，也可对客车的异常行为如汽车司机违规驾驶、行车路线偏离预定行程、异常停车等情况采取询问、警告、报警等即时处理，保证车辆系统运行的安全、可控。

（四）旅行社服务质量跟踪及游客互动系统

该系统具备游客投诉、处理流程跟踪、满意度调查等功能，对服务过程及服务质量进行实时记录和可视化管理。系统通过互动的功能，及时反馈游客互动和诉求信息，编制游客评价等级机制，通过互动及时了解客户的潜在需求，这对提高游客的满意度起到积极的督促作用。该系统可以独立运行，也可以嵌入门户网站以及其他针对游客的服务系统中。

（五）旅行社在线OA管理系统

该系统可实现敏捷的移动式行政管理，通过内网和移动互联网的互联互通，使行政命令随时随地保持畅通。系统拥有明确的操作、查阅权限等级机制，并建立合理的OA系统工作流程机制，实现了旅行社敏捷的精细化管理。该系统和所有业务系统都可以互联，具有完善的信息安全保障机制。

（六）旅行社电子行程单管理

该系统可预设旅游行程单电子模板，便于行程单设计和管理，系统对电子行程单进行统一编号管理，游客可通过编号查阅电子行程单，并可组装嵌入其他系统中供查询使用。

（七）旅行社运营管理信息系统

该系统是旅行社综合性的经营管理系统，包括旅行社经营管理的所有业务，如产品设计、线路设计、自由行管理、财务管理、协作管理、人力资源管理和综合管理等。系统既要有与门户网站对接的接口，又需要外连接口、业务分销的接口，以及各团队上报数据的接口等。

（八）大数据建设内容

旅行社的大数据建设其实是数据中心建设，要把管理、服务所用的数据整合起来，形成智慧分析的数据基础。数据基础考虑更多的是内部数据，而大数据建设考虑更多的是外部数据如何接入和使用，应包括平台架构建设、数据整合策略建设、数据分析工具建设、外部数据接入建设以及互联网数据使用策略等建设内容，还包括数据服务的建设内容，使得旅行社服务、管理、营销的数据集能有效、便捷地提供给需要的人或部门使用。

三、面向公众和游客服务的应用层

面向公众和游客服务的应用层体现了旅行社的智慧服务能力，这是针对游客能获得服务体验的关键内容。它的建设基于自己的网络基础和移动互联网，包括电子商务系统和导游领队服务系统，以及客户关系管理系统等其他应用系统。

（一）旅行社电子商务系统

旅行社电子商务系统是一个集成的服务系统，提供商务服务、信息服务、微信交流和支付、业务结算等功能。系统能实现网上预订、电话预订和网上支付，支持移动互联网电子商务和第三方支付功能。系统还具有旅行社电子商务诚信评价体系，历史记录查询以及个性化销售等应用功能。建设的内容包括门户网站、渠道信息接驳、在线支付系统、第三方渠道接口等。

（二）旅行社导游领队服务系统

该系统面向游客，可实时推送行程信息给团队游客，并与导游、领队进行实时沟通。系统还包括同业信息、招聘信息，进行旅行社计调管理等功能，满足旅游中个性化服务以及灵活变动服务的需要。系统可帮助导游、领队进行行程管理、团员管理、导游报账、导游求职以及费用上报等多项业务，满足团队游人性化和个性化服务的需要。目前该系统有基于手机和基于平板电脑等应用形式，也有 APP 供游客和导游下载使用。

（三）旅行社客户关系管理系统

该系统的基本功能有建立客户档案、分析客户业绩、关系营销、自动销售以及维系客户关系等，扩展功能可以包括数据分析、自动营销以及呼叫系统等。系统通过对客户的管理，将客户作为市场资源进行运作，分类为客户提供个性化的服务。同时系统可以分析客户相关信息，为经营中的价格决策、营销决策、关系维系等提供数据支持，从而实现专门针对关系客户的自动营销和自动销售，最终提升旅行社的经营业绩，也提高了常客的服务满意度。扩充的客户关系管理可以挖掘客户价值，实现旅行社的精准销售。目前该系统基于互联网，也有手机客户端为常客提供服务。

四、面向旅游营销的应用层

面向旅游营销的应用层体现了智慧营销的能力，目前建设的内容主要利用移动互联网和社交网络，广泛地开展网络营销，智慧性地选择营销渠道，使营销效果达到最佳。这个层次的建设内容主要包括以下几个核心系统。

（一）旅行社自媒体营销系统

自媒体营销可以自己控制发布信息的准确性、实时性以及营销效果，并把营销成本降到最低。该系统具备自己可控的信息发布平台（如官方网站、博客、微博、微信等），具备能直接营销到的用户群（网站注册用户、微博粉丝、微信好友等），而且可以快速地把营销信息推广出去。系统具备可以独立开展的营销活动（免费旅游产品赠送、微博/微信抽奖、有奖点评等），也可以和第三方联合开展营销，更可以和分销渠道协同开展市场营销。

（二）旅行社竞争力分析与提升系统

这是旅行社开展营销前的自我评价和分析的应用系统。该系统先对旅行社经营数据进行准确分析和总结，支持旅行社的营销决策；然后通过对旅行社行业市场的竞争力分析和比对，充分利用国内外旅行社竞争力的研究成果，构建突显旅行社行业竞争力的模型及其评价体系，丰富竞争力提升的方法和手段，有针对性地选择营销渠道和网络营销方式。

（三）旅行社舆情监控分析系统

该系统可实时、动态监控旅游市场舆情发生，掌控和引导网络舆情的变化，以便选择合适的网络营销对策和投放内容。该系统可与第三方研究机构、在线旅游平台、旅游企业之间建立信息收集与交换机制，实时开展旅游舆情的智能分析，并发布舆情处理的结果。系统还可以制造热点，引领网络舆情向有利于经营的方向转变，以提高营销的传播效果。

（四）旅行社旅游营销效果评价系统

旅行社的旅游产品营销是根据不同的产品选择不同的营销渠道，如自由行产品投放在社交网络渠道会有比较好的营销效果。该系统根据各渠道导入的网站流量、咨询量和预订量等，判断各合作网站渠道的营销效果，通过评价分析逐步筛选出合作效果较好的网络营销渠道。本系统能实时分析旅游市场竞争力的营销薄弱环节、网络渠道影响力等环节，从而可以确立旅行社营销的合作伙伴，网络营销的方式以及内容投放的频道等，从而提升旅游营销的决策效果。

旅行社的智慧营销有许多不同的应用系统，尤其是在移动互联网环境下，许多旅游服务系统都具有营销功能，读者可以通过网络自行了解这些个性化应用系统的功能和应用。

第三节　智慧旅行社新业态应用

在智慧旅游的新业态应用中，智慧旅行社起步晚于智慧酒店和智慧景区，虽然在我国各省都在开展智慧旅游的建设试点，但智慧旅行社的建设还是起步艰难，这点从旅行社业务的复杂性可以看出。此外，旅行社业务边界的不清晰也增加了技术系统应用模式的不确定性。要使旅行社经营智慧起来，还有许多的路要走。这里主要介绍传统旅行社的一些智慧建设及应用，了解传统旅行社需要怎样的技术系统来开展智慧化建设。

一、传统旅行社如何向智慧旅行社转型

对于新诞生的电子旅行社，其转型相对比较简单，这些新型的旅行社一开始就直接建立了信息化的平台，提供的是在线服务，其业务流程基本是在线化的电子流程。这些电子旅行社的后台、前台都是在线平台的操作方式，广泛使用了信息技术，已经向“智慧化”迈出了坚实的第一步。

传统旅行社要转向智慧旅行社，在信息化建设的道路上必须进行理念上的、组织构架上的或技术平台上的全面的再造。因为在线和离线的服务模式是不同的，这种再造使得旅行社的业务信息实现在线一体化：由信息化带动整个一体化，由信息化带动重组一体化，由信息化带动在

线一体化。就是说，所有岗位，从总经理到销售、前台、后台、财务人员……都要在线化、信息化，只有这样旅行社的经营才能智慧起来。在旅行社销售方面，要建立呼叫中心、微门户网站，而门店后台也要有在线预订，财务要建立在线结算，包括网上支付的开通都需要有信息化平台的支持。

另外，由于智慧旅游基于在线，突破了时空的约束，所以用信息化的技术提供传统的旅游产品（用在线的方式做传统旅游），也需要突破时空。要选择全国各地的产品，在各地建立自己的产品研发中心、采购中心，建立自己的地接服务保障体系，这些都是传统旅行社转向智慧旅行社所要做的基本工作。

二、智慧旅行社的技术应用

智慧旅行社的建设有多种应用的途径，有的是从办公自动化的途径去发展智慧建设，有的是从资源管理的角度去建设智慧型的系统，不管从哪个角度，旅行社的智慧建设都需要围绕管理与服务的核心，用智慧的理念提升管理和服务质量。在现阶段，智慧旅行社建设必须从在线服务和在线管理的应用开始，选择有效的技术应用去建设智慧型系统，如旅行社组团管理系统、旅行社经营核算系统以及旅行社网络营销系统等。然后用平台整合这些系统形成有效的数据中心，用数据中心逐步实现所有业务流程的数据化、在线化，从而形成相应的旅行社智慧型服务综合平台。下面简要介绍智慧旅行社建设中的几个主要技术应用。

（一）旅行社的 OTA 模式

OTA（Online Travel Agency）是指在线旅行社，是旅游电子商务行业的专业词语。这里的 OTA 指传统旅行社的在线应用，它们利用 OTA 开展了在线组团、自由行、定制旅游等产品服务。这些旅行社通过 OTA 模式提供专业的在线服务，实现网上的旅游产品预订，包括自由行产品、定制服务产品、休假旅游产品等。OTA 的出现将原来传统的旅行社销售模式放到网络平台上，更广泛地传递了旅游线路信息，互动式的交流更方便了客人的咨询和订购，从而引领旅行社经营走向智慧。但传统的旅行社如何开展OTA服务，如何把传统的旅行社与OTA结合，目前仍然是发展中研究的热点。专门的OTA企业，如何与传统旅行社融合发展，是OTA模式发展中面临的新问题。

旅游发展的散客化趋势已造就了一批新型的旅游模式，它们利用OTA模式占据了国内巨大的在线市场。据相关统计，我国90%以上的游客不是通过传统的旅行社，而是通过OTA预订产品的。为了适应旅行市场在线化的发展，改善自身在旅行社业态的不景气，大型旅游企业，也都开展了在线业务建设，并建立了自己的电子商务平台，以保卫自己的市场份额。这些大型旅行社在线业务的发展，也说明了智慧旅行社发展的必然，智慧建设必须在线服务先行。

传统旅行社要突围自己封闭的墙，必须利用OTA模式实现全面的业务在线化和数据化。之前，国内的很多旅行社交易平台网站的服务水准和服务能力没有实质的提升，只提供预订服务功能，但不提供旅行服务，对第三方提供的产品不负责确认真实性，也不对游客的体验过程负责，从而影响了在线服务的进一步发展。一些网络平台甚至只提供静态信息展示和卖家的联系方式，无法在线预订和提供实时服务。如今，传统旅行社越来越意识到在线服务的重要性，大多开始建立自己的网络平台，像携程这种网络平台也在建立自己的目的地接待体系，旅行社与网络平台出现一个深度融合的局面，从而演变成一个旅行社的O2O发展模式。从旅游服务的专业性和质量保障看，网络平台与旅行社相互融合的OTA模式将是旅行社发展的主流，已经逐渐转变为一种智慧旅行社的应用模式。

（二）旅行社ERP技术

近年来，ERP（Enterprise Resource Planning）技术在一些大型旅行社得到应用，将传统的表单报团流程向电子化流程推进，业务操作均以电子化的方式完成。访问咨询—个性化行程定制—销售人员接洽—销售人员将订单交予计调部门处理—计调部门与地接供应商联系等全流程电子化。ERP 技术与门户网站的无缝对接形成了旅行社特有的电子商务系统。经营者利用趋于完善的电子商务平台，以网络为媒介与客户进行沟通并完成交易，或实现了组团的自动化。从客户访问咨询开始，就进入电子化的业务流程。这种以 ERP 技术为基础的模式，也逐渐转变为智慧旅行社建设的一种应用模式。

（三）旅行社客户关系技术

客户关系技术已成为智慧旅行社建设中的重要技术应用，以支持旅行社营销决策。CRM（Customer Relationship Management）系统在客户资源、智能存储、分析客户相关信息数据（如来源地、游客偏好）等应用的基础上，已逐步开展对客户信息进行各类统计分析、提供客户关怀（如节日/生日祝福、出行提醒）、统一发送产品相关信息、自动营销等应用研究。CRM 系统还具有记录业务过程中未成团（未达成最终交易）的客户信息，分析和汇总原因，便于日后开发潜在客户。此外，CRM 系统还具备内部管理的功能，在帮助销售人员管理成团（已完成交易）信息的同时，既是销售人员绩效考评的依据，也是公司组织员工内部培训的重要资料来源，因此 CRM 将成为智慧旅行社不可缺少的应用系统。

（四）供应商管理和在线采购技术

这是旅行社偏重采购管理的智慧型技术，利用该技术可实现对供应商的基础信息、资格管理、价格管理、合同管理、采购过程等全程控制，实时查询供应商产品资源以及采购、付款情况，其数据在业务系统和财务系统中可实现同步。在线采购系统可以实时查询景区景点资源，在线采购门票、饭店、交通工具、旅游保险等服务产品，并实现在线采购合同管理及在线的支付功能。该技术通过在线系统的统计分析，可提供核算报表，根据结果进行快速的采购决策，有利于旅行社控制业务成本。在线采购系统非常适合大型旅行社以及联合型经营的旅行社实现统一采购。

（五）电子合同及订单管理技术

旅行社的电子合同是目前智慧管理中的难点，目前已有旅行社开始应用在线电子合同，如浙江旅游信息中心应用的旅行社电子合同管理技术。利用该技术可在线完成电子合同的填报、打印，电子合同在线统计、查询与分类管理，向主管部门在线申报与备案等。而有效的订单往往和电子合同联系在一起，通过网络组团报名的订单都要填写电子合同，通过在线的方式填写电子预订单，实现预订单的在线流转，形成有效的电子合同及订单管理技术。该技术通过使用电子预订单，可收集客户信息，形成数据库，并与 CRM 系统对接，通过在线的方式交换电子订单，实现有效订单的在线流转，从而形成规范化电子行程单，并对行程进行在线监控，通过对数据的分析，实现行程预报和预警机制。该技术还具有在线订单结算功能，对结算单进行统计管理，并借助在线系统进行财务数据交换，完成业务的统计和监管。

三、智慧建设的主要业务管理系统

目前，智慧建设主要有以下业务管理系统。

（一）管理信息系统

智慧旅行社的业务主要依靠管理信息系统进行管理，经营管理中的预订、接待和办公自动化等都属于管理信息系统业务内容。智慧型 MIS 的实施涉及旅行社的各个部门，旅行社靠 MIS 来提高业务的智慧处理效率，是旅行社智慧管理的主要技术系统。

（二）计算机预订系统

它是一个旅游业内部的专用预订系统，一端连接航空公司、饭店等服务单位，另一端连接各地区的旅行社单位，用于预订机票、客房等服务，同时还可用于连接单位间的费用清算。智慧旅行社主要用计算机预计系统开展预订业务和旅行社的营销。计算机预订系统不但提高了旅行社业务处理的效率，而且为旅行社带来了更多的订单，产生更大的收益，是旅行社智慧管理和智慧商务建设中的主要系统。

（三）客户关系管理系统

该系统是客户关系技术在旅行社的具体应用，建设的重点是挖掘有价值的客户，维系已有的老客户，为客户创造收益。智慧旅行社依靠客户关系管理系统对客户关系进行统一管理，并为关系客户实施自动销售和一对一营销。依靠客户关系管理系统可以在经营中以客户为中心，通过有效的关怀管理提升客户满意度，培养旅行社的忠诚客户，提升和挖掘客户价值。该系统使旅行社实现了敏捷服务及差异化服务，是智慧服务建设中的主要技术系统。

（四）网站系统

智慧旅行社有自己的网站，由公司网络部的员工进行管理和维护，并且加入了第三方网站。它在网站上发布产品相关信息，销售和管理旅游保价产品。游客通过它的网站搜索旅游信息，预订、购买自己喜欢的旅游产品。网站作为一个信息交流平台，使旅行社与游客、旅行社与供销商、旅行社之间的信息传递不再受时间和地域的限制。在网站上与客户进行互动交流，也提高了旅行社的营销效益，是智慧服务和智慧商务的主要技术系统。

四、电子商务开展中的智慧创新

在电子商务开展过程中，围绕智慧建设有四个方面的创新点。

（一）销售模式创新

旅游电子商务系统的设计是建立在传统旅行社业务的基础上，具有完整的产品开发、销售、营销及信息流通体系；同时，它拥有比传统旅行社大得多的覆盖范围和多得多的用户基数。基于这些特性，旅游电子商务企业通过对互联网技术的运用和提升，从客户需求角度出发的营销策略，整合出其特有的在线销售模式，介绍如下。

第一，在产品开发上加强消费者行为研究。利用互联网技术，收集及分析客户网上消费行为，并根据具体的调研得出相关结论，从而运用到客户细分、市场选择及价值定位等的战略决策上，个性化地设计满足客户要求的产品。

第二，在信息交流上实现在线交流模式。利用平台优势，突破原有价值链单向信息传递的弊端，通过信息和产品资源的整合，建立了全国甚至全球覆盖的旅游要素在线预订平台，消费者通过互联网、呼叫中心和手机无线等电子商务渠道可一站式地获得相关旅游信息，预订产品，实现支付。

第三，在客户管理上立足于消费者关系维护。基于消费者行为研究，提供高质量的客户体验，是旅游电子商务企业的核心价值，且通过其在线预订模式的标准化、便捷化和高针对性，增加客户黏性，提高自身的利润。

（二）自媒体营销创新

旅游电子商务作为一种直接面对消费者的媒介，可以和消费者进行无阻碍的沟通，其庞大的客户资源及海量的数据库成为其核心价值，并通过资源端的整合和规模效应所产生的价值链提升营销效果和扩大营销的覆盖面。其所运用的旅游营销手段，主要核心内容都是在资源整合和数据库营销的基础上予以实现的。同时，其主导的营销策略可根据市场和产品的需求，变得更灵活多样。利用自媒体营销可以实现以下智慧营销创新。

第一，在产品开发上，注重结盟营销。结盟营销是结盟方利用自身的核心优势，为了更大可能提升规模效应、扩大自己的市场占有率、提高信息和资源共享力度而组成的利益共同体。旅行社联盟可以利用电子商务中的自媒体实现智慧型营销，如微信营销、微信组团、微信支付、微信关怀等。

第二，在信息交流上，主推互动营销。人与网及人与人之间的互动，起到广泛传播的效果。互动营销、社交网络营销都可以让电子商务在营销过程中充分利用旅游者的意见和建议，用于产品的规划和设计，为旅行社的市场运作服务。

第三，在客户管理上，做到精准营销。对于旅游电子商务企业来说，精准营销的目标是通过加强客户信息处理来增加客户的忠诚度，同时通过数据库分析提高客户转化率，有针对性地将产品和消费者紧密精准地联系到一起为智慧旅游的销售提供很大的帮助。

（三）营销评估的创新

传统营销模式最明显的不足就是无法对其营销项目的效果进行评估，这是由营销与销售体系相脱节的模式造成的。在新模式中，旅游电子商务在其收获利益的前提下，其营销项目的目标即将潜在客户的切实需求直接转化成可达成销售的过程。因此营销效果的评估主要集中在将多少潜在消费直接转化成为实际的消费。因此，评估体系则可以建立在潜在消费与实际消费的转化维度来进行考评，并可以将其销售成果直接作为营销效果进行评估，弥补长久以来旅游营销无法进行效果评估的不足。这也是利用电子商务实现智慧营销的一条可行途径，有效的评估可以快速定位到企业的目标客户。

（四）营销模式创新

基于互联网技术的旅游电子商务实现了在线预订的销售模式，既为消费者获取信息提供了专业载体，同时又兼具旅行社的服务功能，实现销售、营销、服务的一体化经营，并通过海量数据库进行消费者调研，打破了长期以来旅游营销与销售处于脱钩的局面。这种“营”与“销”相结合的创新营销模式，在旅游电子商务平台与消费者及消费市场这三者之间建立起一个紧密联结的纽带，为今后市场的快速增长和日益多元化的客户需求开辟了一条新的途径，将成为今后旅行社发展智慧商务的新契机。

第五章

智慧旅游公共服务平台建设

智慧旅游公共服务平台作为智慧旅游发展的重要支撑，是政府依托自身的特殊角色和优势，在整合各方旅游资源的基础上通过智慧旅游公共服务运行平台向社会提供的全方位旅游公共服务，在智慧旅游发展中有着举足轻重的地位和作用，是实现旅游智慧服务、智慧营销、智慧管理和智慧政务的基本载体。

第一节　智慧旅游公共服务体系概述

智慧旅游公共服务体系建设是智慧旅游发展的重要内容，也是智慧旅游公共服务平台建设的基本依据。

一、旅游公共服务的概念

旅游业是众多国家和地区重点发展的产业，旅游公共服务的建设和旅游业的发展紧密相关，这是由旅游业的自身性质和新一代信息技术发展所决定的。提供旅游公共服务，已经成为政府进行有效引导、企业高效经营的一种强有力的手段。

旅游业是典型的公共服务产业，具体表现在四个方面：第一，旅游业面向全体社会成员，直接关系人民的生活质量，具有服务对象的公共性；第二，旅游业的发展和服务依托公共服务设施，具有设施和服务的公共性；第三，旅游业涉及较多参与者，如企业、游客、当地居民等不同利益主体，涉及面广，具有参与对象的公共性；第四，旅游业涉及众多产业，辐射范围广，具有旅游效应的公共性。由此可以看出，虽然目前对旅游公共服务的定义尚未统一，但是旅游公共服务作为一类特殊的公共服务是不可否认的，可以从比较公共服务和旅游公共服务的关系来探讨旅游公共服务的内涵。

从公共服务的定义来看，公共服务是由政府和其他组织提供的有形和无形的、可供社会全体成员使用和享受的公共产品和服务，那么必然也包括旅游企业和游客。所以，公共服务提供的诸多设施和项目，如交通、公共医疗、通信网络等也为旅游公共服务提供了基础。但是，旅游公共服务的对象具有明显的针对性，以游客和旅游企业为主要服务对象。旅游公共服务的建设也是针对不同区域特征或景点特征来定，具有较强的特指性，而公共服务设施一般不具备地域差异特征。所以，旅游公共服务不能简单地纳入公共服务中。由此可以看出，旅游公共服务是公共服务在旅游领域的特殊表现，它既具有公共服务的普遍特点，又具备旅游业自身的特殊性，而公共服务是旅游公共服务实现的重要前提和基础。

二、智慧旅游公共服务体系的组成

一般来说，旅游公共服务是具有明显公共特征的服务和产品的总称。旅游公共服务体系可以理解为基于一定的供给模式和政策支持下，服务提供方、服务对象以及服务供给方式之间形成的旅游公共服务系统。智慧旅游公共服务体系是在智慧旅游发展的背景下，如何利用新一代的信息通信技术实现公共服务的智慧化。智慧旅游公共服务体系包括智慧旅游公共信息服务体系、智慧旅游交通便捷服务体系、智慧旅游惠民便民服务体系、智慧旅游行政管理服务体系和智慧旅游安全保障服务体系五个方面。

（一）智慧旅游公共信息服务体系

智慧旅游公共信息服务体系主要是指智慧旅游网络信息服务、信息咨询服务和景区标识解说服务等。信息内容以目的地景区信息、旅游市场信息、目的地景区安全保障信息等为主，并且不断开拓新的信息发布渠道和获取手段，为游客和其他旅游参与者提供全面、可靠和完善的信息服务。

（二）智慧旅游交通便捷服务体系

智慧旅游交通便捷服务体系主要是指智慧旅游交通通道建设和旅游交通服务建设，如加强智慧旅游交通引导标识、开辟目的地景区智慧旅游风景道、游步道、旅游巴士专线等。

（三）智慧旅游惠民便民服务体系

智慧旅游惠民便民服务体系要求持续推出旅游公益惠民便民政策和旅游产品，加强基础设施建设。基础设施如无线网络、通信、金融、医疗等设施，产品如旅游卡、旅游年票等，政策如特殊人群优惠政策、旅游消费券等。

（四）智慧旅游行政管理服务体系

智慧旅游行政管理服务体系主要是指规范旅游市场秩序、强化旅游业的管理，同时还提供旅游从业者教育培训、旅游消费者保障服务等，积极倡导文明旅游、绿色旅游、理性消费。

（五）智慧旅游安全保障服务体系

智慧旅游安全保障服务体系主要是指各地安全保障法规、安全标准、预案体系等。重点建设内容包括环境、设施、机制等，保障旅游业务顺利进行。

三、智慧旅游公共服务体系的供给模式

从智慧旅游公共服务的市场供给来看，主体不仅包括政府、旅游管理部门等非营利组织，还包括旅游企业等营利性组织。政府和管理部门的优势和地位决定其必须承担建设公共服务的主导作用。在我国，当前的旅游公共服务体系包括两种导向：一是由政府主导，非营利性组织运营的公共服务体系；二是由市场主导，旅游相关企业运作的市场服务体

系。与此相对应的，智慧旅游公共服务体系的供给模式主要有以下三种基本模式：一是由政府部门直接提供旅游公共服务。二是政府通过市场手段与企业合作提供旅游公共服务。三是在政府政策领导下，旅游相关企业直接面向消费者提供公共服务。

从实际的运作情况来看，智慧旅游公共服务的多元化供给，使各供给方之间能够充分合作和竞争，这样非但没有弱化政府的职能，还可对政府在如何向社会全体成员提供普遍的无差异的公共服务和旅游市场监管方面提出了更高的要求，从而进一步提升了公共服务的质量。

第二节　智慧旅游公共服务平台框架体系设计

智慧旅游公共服务平台建设是一个综合性的系统工程，必须对其进行系统的分析和设计，为项目的建设和实施提供重要的依据。

一、智慧旅游公共服务平台建设的原则

智慧旅游公共服务平台建设的原则具体包括以下几个方面。

（一）面向游客，满足需求

智慧旅游公共服务平台建设应以满足游客需求为主要目标，运用各类信息通信技术，构建高效、实用、开放的应用系统和工具，满足游客在旅行全过程中的各类需求。

（二）政府引导，服务企业

促进全省旅游业的发展和服务效益是建设智慧旅游平台的最终目的。效益包括社会效益和经济效益，因此在建设智慧旅游过程中，不仅要强化政府的监督和引导职能，更要遵循市场经济规律，并且满足旅游业自身发展需求，加快推动智慧旅游的建设。

（三）整合资源，社会参与

智慧旅游公共服务平台建设涉及众多部门和行业，其具有一定的前

瞻性和开拓性。必须充分整合各类资源，积极引导社会参与。重视整合和利用各类旅游资源，运用物联网等现代信息技术来节省智慧旅游建设总成本，从而带来巨大的社会效益和经济效益。

（四）突出重点，逐步推进

规划平台建设分步实施阶段，制订相应的时间轴，明确重点建设工程，通过创建示范工程和示范点来逐步积累建设经验，在全省范围内重点推动实施反响较好的项目。注重平台系统的模块化和灵活性，为某一模块和各子系统的分阶段实施提供支撑。

二、智慧旅游公共服务平台建设需求分析

从智慧旅游的表现形式来看，智慧旅游主要体现在智慧服务、智慧营销、智慧管理和智慧政务四个方面。智慧旅游系统并不是孤立存在的，其涉及多种行业、多类参与者，包括政府部门、游客、景区、酒店、旅行社、交通服务商、旅游商品提供商以及其他服务商等。本文从服务、营销、管理和政务四个维度出发，结合各个维度的参与者，分析出智慧旅游公共服务平台具有以下六个方面的核心需求。

（一）在线旅游信息查询与服务

信息贯穿旅游全过程，在线信息服务不仅面向游客，还面向旅游企业。游客通过在线信息查询做出旅游决策，如交通、天气、景区现状、票务等信息，以便选择最佳旅游路线；旅游企业通过关注行业信息、政策法规、办事指南等信息，及时地进行网上申请、登记和更新。

（二）旅游目的地营销

游客购买旅游产品和服务的前提是其产生了旅游的欲望，旅游营销的作用正在于此。旅游产业的发展必须以游客为中心，为其提供适宜的服务，极大地满足游客的需求。旅游企业可结合网站流量分析及时了解旅游者的需求，并推送最为匹配的旅游产品和服务，这不仅给企业带来可观的直接和潜在的旅游经济效益，还能通过良好的企业服务来维护和

发展与游客的关系，提升企业的信誉度和知名度，增加旅游企业的品牌影响力。

（三）旅游电子商务交易

智慧旅游公共服务平台给游客带来的最大便利就是在其足不出户的情况下，就可以完成整个旅游过程中产品和服务的预订，而这离不开旅游电子商务平台的支撑。在信息技术的广泛应用和旅游市场不断壮大的双重作用下，传统旅游企业已不能适应现代旅游业发展的需求，其只有基于互联网平台的在线商务功能，才能快速发展，因此旅游电子商务需求日益凸显。

（四）旅游行业监督与管理

旅游业健康持续的发展离不开政府部门的监督和管理，旅游行业管理是各级旅游管理部门对旅游行业进行宏观、整体的管理、控制、监督的一系列活动，不仅包括对旅游活动的管理，还包括对相关旅游企业直接或间接的管理和协调。与此同时，景区数据统计长久以来都是旅游行业管理与监督必不可少的内容，但是以往的统计方法和手段不仅面临巨大数据量的挑战，还面临不能实时采集相关数据、造成管理和指挥调度不及时等诸多问题。因此，在智慧旅游建设阶段，运用物联网等新兴技术对景区进行自动监控和实时数据统计就显得尤为重要，这不仅提高了旅游管理部门的管理效率，还极大地提升了游客满意度。

（五）旅游管理部门协同办公

伴随着信息化意识的不断提高和需求的快速提升，政府机关的电子化应用不断增强，网络上的应用也越来越多。全方位的有效的政务协同办公是旅游管理部门高效运营和管理的保障。消除不同部门之间、不同政务网、信息网之间的“信息孤岛”问题，要充分实现信息共享，为省、市、县（区）三级旅游局业务管理人员提供决策依据。

（六）游客、旅游企业、政府管理部门之间的互动交流

游客意见反馈、旅游经历分享、游客投诉也是旅游过程中的重要部

分，为游客、旅游企业和政府管理部门提供一个良性互动的途径，既有利于提升游客体验，又有利于改善旅游相关企业服务质量和提高旅游政府部门管理职能。

三、智慧旅游公共服务平台体系框架

智慧旅游公共服务平台以信息技术应用和各类终端为基础，以各类旅游数据为信息资源，以游客为中心，为智慧旅游背景下旅游全过程中的旅游信息服务、旅游决策、旅游交易和旅游监督管理等方面提供了便捷的途径和手段。智慧旅游公共服务平台体系主要由制度体系、基础设施体系、综合数据库系统、共享服务系统、应用体系、服务体系、标准规范体系和信息安全与运营管理体系八个部分组成。

四、智慧旅游公共服务平台建设的内容

智慧旅游公共服务平台建设的主要内容包括制度体系、基础设施体系、综合数据库系统、共享服务系统、应用体系、服务体系、标准规范体系和信息安全与运营管理体系八个部分。

（一）制度体系

制度体系由运营主体、运营机制、监督管理和保障体系组成，是智慧旅游公共服务平台体系的基石，是保障平台健康、有序运行的前提和基础。必须建立既有政府依托背景又能市场化运营的实体，确保政府支持协调旅游行业发展的政策得到充分实施的同时，推进智慧旅游能按市场化的要求健康快速发展；建立健全适合智慧旅游发展的运营机制，明确政府旅游主管部门、智慧旅游平台运营商以及各类旅游服务提供商等各方面的职责，做到优势互补、责权利明确；完善政府对旅游全行业的监督和管理，重点对旅游服务质量、规范经营以及跨部门协调等方面发挥主体作用；在人才、技术、资金等方面给予充分保障，满足智慧旅游的发展需要。

（二）基础设施体系

基础设施体系由信息采集与传输技术、移动通信、无线通信网络、传感网、旅游卡终端和中间件系统构成，是支撑各项智慧旅游业务运行的基础保障。需在现有基础设施的基础上进一步优化网络系统、计算机硬件、存储设备等，以保证网络带宽和网络传输的稳定可靠；同时研发和配备智慧旅游卡应用终端，不断完善相关功能，提高安全性和可靠性；开发智慧旅游中间件系统，实现多系统和多应用程序的互联互通。

（三）综合数据库系统

综合数据库系统是智慧旅游服务体系的“血液”，由数据仓储与云数据中心、基础数据库、用户数据库、服务数据库和监管数据库构成。智慧旅游的各项服务和应用都需要基础数据的支撑，将现有分散在不同行业和不同部门的数据进行整合和利用，发挥数据资源的整体优势，利用共享服务系统，建立信息资源目录，实现互联互通；建立基础数据库、用户数据库、服务数据库和监管数据库，为政府、旅游企业和游客提供实时更新的基础信息服务。基础数据库包括完善的旅游基础信息和吃、住、行、游、购、娱各方面的基本旅游信息，以及地理、交通、语言、特殊风俗习惯等旅游相关信息，这些信息既有文字形式，也包括图片、音频、视频、电子图书、虚拟旅游等其他综合形式；用户数据库主要包括游客信息、旅游从业人员信息和旅游企业信息，游客信息包含前来和出发前往外地的游客信息数据，旅游从业人员信息包含旅游业管理人员、旅行社工作人员、景区工作人员等信息数据，旅游企业信息包含各类旅游企业的用户信息，包含景区、旅行社、酒店、餐饮和购物场所等信息数据；服务数据库包含一系列业务数据，包括平台交易产生的交易数据、企业诚信监督数据等；监管数据库包含旅游活动中监测的各项信息数据，包括游客流量统计数据、旅游车辆实时定位数据、景区环境监测指标数据等。

（四）共享服务系统

共享服务系统涵盖了信息共享平台、数据交换平台和应用整合平台，实现跨部门、跨系统的信息交换和共享，主要由用户界面层、应用支持层和信息服务层构成。通过不同部门、不同层级之间的业务协同和数据交换，满足内外部信息系统之间的数据交换需求，通过该系统对旅游信息进行整合。建设公共云、政务云和企业云，分别实现为游客及社会公众提供全方位的公共信息服务，为政府提供旅游业相关的监督管理数据，为旅游企业提供完整的电子商务服务等。此外，制订并实施信息资源共享与交换的管理办法，建立信息资源共享交换长效机制，推进公共服务平台的建设。

（五）应用体系

应用体系是智慧旅游公共服务平台的“灵魂”，是平台实现各种业务功能的关键所在，主要由智慧服务系统、智慧营销系统、智慧管理系统和智慧政务系统组成，为游客、政府和旅游企业提供旅游服务入口，以提供全方位的旅游服务。

（六）服务体系

服务体系是智慧旅游公共服务平台价值实现的基本保证。它通过各类电脑设备、智能通信终端以及电话、传真等方式为各类服务对象开展各种业务提供全面的支持。提供全方位的应用接入，开发包括电脑、笔记本、智能手机以及电话、传真等各类终端设备的应用系统；为各类参与主体提供支持，针对游客主体、导游主体、游客运营主体、配套服务主体、金融服务主体以及监管服务主体等提供针对性和专业化的服务，构筑旅游智慧服务的新模式，为智慧旅游服务的各类参与主体创造最大的价值。

（七）标准规范体系

智慧旅游公共服务平台建设和运营需要制定省、市、县（区）三级旅游局智慧旅游公共服务平台管理规范、游客服务与管理规范、导游服务与管理规范、旅游企业信息发布规范、电子商务交易规范、在线支付管理规范等，以保证智慧旅游建设的成果和利益。

（八）信息安全与运营管理体系

信息安全与运营管理体系则是平台健康发展和长期安全可靠运行的重要保障。信息安全不仅要提升信息技术途径的使用安全，同时要加强信息管理，从这两方面出发，构建一个健康的信息环境；运营管理要注重平台建设、运营人员和建设资金的管理，使公共服务平台能够健康、可持续运营。公共服务平台信息安全与运营管理体系建设的主要内容包括智慧旅游信息安全管理规范、智慧旅游公共服务平台运营管理办法等。

五、智慧旅游公共服务平台功能设计

从旅游过程中的主要参与者和旅游过程中的用户需求分析中可以看出，智慧旅游公共服务平台作为服务旅游业发展需要的一个综合性业务平台，一是要能满足游客和导游的在线信息服务功能；二是要能为目的地景区提供营销平台和电子商务平台；三是要满足政府对旅游行业进行监督和管理的需要；四是为政府提供高效电子政务办公平台。因此，从服务、营销、管理和政务四个方面的需求出发，以提升公共服务平台应用服务能力，该平台系统主要功能有以下四个方面。

（一）智慧服务功能

智慧服务功能主要为游客和导游提供平台账户管理、信息查询等服务。游客和导游通过智慧旅游公共服务平台，可实现平台注册和个人账户管理。平台还为符合条件的游客和导游提供智慧旅游卡在线申请支持，并能够为游客和导游提供涵盖吃、住、行、游、购、娱等各项信息查询与咨询服务，为游客和导游的旅游行程规划提供参考和依据。此外，导游还可通过智慧旅游公共服务平台查询考试信息、培训信息、评价信息等内容。

（二）智慧营销功能

智慧营销功能不仅为旅游企业提供景点展示与形象宣传、旅游促销活动集中展示和中小企业旅游产品展示等宣传模块，还为游客和导游提供虚拟旅游体验子系统。通过该平台即可身临其境般体验目的地景区，达到目的地景区的营销目的。同时，作为支撑中小旅游企业电子商务发展的创新平台，智慧旅游公共服务平台为全省各类酒店提供住宿预订服务，由酒店直接在平台开展业务，受理游客的网上预订，支持预订游客直接通过智慧旅游卡登记入住，免除前台注册登记手续，为全省收费景区提供网上门票销售服务，支持订票游客直接凭智慧旅游卡进入景区，支持门票团体销售，为在线订票提供价格优惠；为全省中小旅游餐饮企业提供网上推广和在线订餐服务，支持游客和导游直接在网上选餐，使游客能方便、高效地享受个性化和专业化的旅游餐饮服务；为全省各类旅行社提供一体化的在线业务受理平台，支持游客直接通过智慧旅游卡预订，并能直接签订旅游服务合同，完成相关旅游出行手续；开设旅游商品超市，为全省从事旅游商品销售的商家提供一体化的旅游商品销售平台，提供集中展示、独立经营、统一结算的系统，并提供配套的物流支持；开设旅游交通票务平台，为游客出游以及省外游客提供旅游交通票务的便利，包括机票、火车票以及租车等业务；开设旅游娱乐在线展示平台，提供全省各类旅游娱乐节目的在线展示、票务预订以及互动参与等功能，为弘扬本土的文化艺术以及提升旅游的文化内涵提供支撑；为专业旅游电子商务服务商提供服务平台，与旅游网站合作，共同开发旅游服务市场，促进旅游电子商务的发展和繁荣。

（三）智慧管理功能

加强对旅游行业的监督和管理是政府旅游主管部门的重要职能。智慧旅游服务平台智慧管理模块的建设将为省、市、县（区）三级政府旅游管理部门更好地履行监管和服务职责提供强有力的支撑。智慧管理将有助于实现行业政策法规发布、旅游趋势分析、企业诚信监控等功能。通过行业信息采集、监管和发布，实现旅游行业的全面信息共享和监管，为管理者、游客和旅游企业制定和做出旅游决策提供服务。

（四）智慧政务功能

智慧政务功能为省、市、县（区）三级政府旅游主管部门提供智能、高效的政务管理、地理信息系统和旅游在线应急救援平台等职能，包括账户管理、公文管理、旅游常规统计数据的定期报送、企业各类旅游项目的申报和管理、旅游应急救援在线服务和在线服务整合、互动交流等内容。

第三节　智慧旅游公共服务平台应用系统设计

智慧旅游公共服务平台应用系统是由智慧服务系统、智慧营销系统、智慧管理系统、智慧政务系统以及智慧旅游云服务系统等子系统构成。

一、智慧服务系统

（一）系统组成

智慧服务系统主要包括会员管理、智慧旅游卡在线管理、旅游信息服务三个模块，能够实现身份验证、会员管理、信息查询和旅游行程规划等功能，旨在为游客和导游提供高效率和高质量的服务。

（二）功能设计

1. 会员管理

会员管理主要包含会员注册申请、会员资格审核、会员信息管理和会员维护四个模块。会员信息的真实有效、会员身份的信息安全和权限管理是保障平台健康、安全运行的前提。自会员提出网上申请之后，由系统管理员审核用户信息的准确性和有效性，如果审核通过，就成为平台的正式会员，如果审核不通过，则平台管理员将该申请表从列表中删除。会员注册信息是很庞大的用户数据资源，该模块还需要建立会员信息数据库，存在云数据中心。会员之间的有效互动交流和会员对平台的忠诚度为平台的持续发展提供了动力。会员维护模块不仅对会员身份信息进行维护，还能随时掌握会员的登录频率、会员信息发布状态和会员账户管理。这四个子模块是平台持续、健康运营的重要保障。

2. 智慧旅游卡在线管理

智慧旅游卡具有银行卡、交通出行、景区电子门票、身份认证、电子钱包、位置服务、决策支持等方面的功能。智慧旅游卡在线管理主要针对线上管理模块进行设计，包含旅游卡在线申请、消费与积分查询、增值服务管理三个模块。游客、导游通过该系统在线申请旅游卡，系统向公安部门户籍管理数据库发出申请者身份认证请求，认证通过，则对智慧旅游卡数据进行初始化，为用户绑定银行账户公交账户等，并为用户配置ID标签号；用户可使用智慧旅游卡进行线上消费，并可积累积分；此外，智慧旅游卡在线管理系统还为游客提供旅游卡系统与银行卡之间的转账、景区流量实时监控等增值功能，为游客、导游和旅游管理部门提供高效的服务。

3. 旅游信息服务

游客不仅关注吃、住、行、游、购、娱六大要素的基本信息，还对本地的人文景观、风俗文化有着浓厚的兴趣。此模块的设计不仅要体现本地特色，还应注重系统的实用性，因此，信息查询模块的设计重点是运用先进集成技术将各地市分散的旅游官方网站、旅游相关论坛和专业旅游网站整合起来，以共享省内的旅游信息，避免出现重复建设和分散建设，不仅方便统一管理和审核，还能提升游客查询信息的效率；其次，将旅游要素信息分类，分为景区介绍、餐饮美食、住宿、交通、购物、医疗和其他信息查询等子模块，分别提供本地景区特点、交通住宿、特色美食和主要购物广场、医院等的查询。基于此，系统将根据区域和资源类别对所有旅游资源进行分类，用户只需点击相应分类类别，即可查询相关的旅游信息。用户不仅可以从资源类别来获取所需信息，还可选择旅游目的地来查询目的地景区的相关信息，如景区所属区县等。

（1）旅游基本信息查询

旅游基本信息查询主要为游客、导游提供吃、住、行、游、购、娱等全面的信息查询和在线预订服务。为用户出行之前提供充分的资讯参考，帮助用户解决旅游出行难、住宿难和吃饭难等若干问题。其通过互联网收集等方式选取大量信息并加以整理加工，形成用户感兴趣、可信度高、及时的信息资讯。游客可以通过智能手机、桌面终端、旅游热线等多种方式随时随地查询相关信息，提升其旅游体验和积极性。

（2）导游增值信息查询

导游增值信息查询为导游提供导游考试信息和评价管理信息查询和管理服务。导游考试模块提供网上考试报名、审核、成绩查询和资格证书申请功能，主要是为想从事导游工作的人员提供网上报名入口和途径，同时提供导游培训和导游年审服务。该模块可将全省导游考试资源整合到公共服务平台上，面向用户提供唯一官方考试报名入口，规范化操作，提升导游考试系统的管理能力。为方便对导游的信用进行管理，同时做到人性化的互相选择，让游客也有权利去选择自己的导游，由此，导游评价管理模块为导游建立导游电子档案并与导游证编号相互关联。在导游评价管理模块界面输入导游证号即可了解该导游的行业纪录和资质情况，不仅实现管理部门对导游的信息化管理，还有利于游客全面了解导游信用信息，从而做出决策。

（3）旅游行程规划

旅游行程规划基于顾客前期信息的获取，并根据游客身份和旅游需求的识别，通过智能化的系统和算法，将游客的个性化需求映射为可执行、可操作的最佳旅游路线，并将其直接推送给游客，游客根据推送信息，并结合目的地景区和自身实际情况，制定适合自己的最优路线。该系统不仅可以为游客提供周到高效的景点服务，还能通过对不同景点、路线的游客订购数量的掌握及时动态调整路线设计和冷门路线的完善。

（4）旅游智能导航娱乐

该系统重点针对旅游中的游客，为其提供智能导游、旅游增值服务和互动交流功能。智能导游通过捕获游客的位置信息来向游客提供丰富详细的城市信息，引导游客观光旅游，并提供餐饮、住宿、交通等全面的位置导航服务；旅游增值服务则可以使游客在旅游中获得政府、旅游企业提供的优惠券、活动邀请券、旅游纪念品领取券等增值服务，游客可通过智能手机、便携终端和目的地固定终端及时便捷地获取相关服务；互动交流模块是为游客提供实时分享、记录旅游过程和感受的平台，游客将自己的感受及时更新在智能导游娱乐子平台上，形成一个游客互动空间，不仅可以共享旅游信息，还可以对旅游行程安排及时发表建议。

二、智慧营销系统

作为旅游目的地营销的“重要阵地”，智慧旅游公共服务平台旨在为全省各地市、各县（区）以及各景区提供统一、功能丰富和风格一致的权威的旅游营销推广平台和公共电子商务平台，为全省旅游目的地促销提供可靠的支持。

（一）系统组成

智慧营销系统是一种旅游智能化应用系统，其以互联网为基础平台，结合了数据库技术、多媒体技术和虚拟现实技术等，开展旅游资源网络推广和交易活动，其面向旅游局、旅游企业、游客和旅游媒体。旅游管理机构是平台运行的主体机构，其通过平台促进游客、旅游企业、旅游媒体之间的良性互动；旅游企业是目的营销平台信息的主要提供者，接受游客信息查询与业务预订等功能；旅游媒体则通过收集整合目的地景区和旅游产品促销信息，实施宣传；游客可通过该平台了解目的地信息，进行促销信息查询以及同旅游企业互动交流。根据旅游活动发生的过程，即计划、信息收集、预订、出游、旅游结束，将目的地营销系统分为旅游产品发布推广子系统、旅游信息咨询子系统、虚拟旅游体验子系统、旅游电子商务子系统、旅游线下服务子系统和互动交流子系统六个模块，以满足游客在旅游全过程各个阶段的个性化需求，提升游客体验。

（二）功能设计

1. 旅游产品发布推广子系统

该模块包括目的地景区的形象宣传、促销活动的推广和旅游产品的在线展示。按照目的地景区的分类或推荐的旅行路线向旅游者提供旅游景区详细的介绍，包括特色风景、文化背景和历史渊源等，提供包括文本、图片、视频等多种多媒体形式；同时，旅游产品发布推广子系统还为旅游管理部门提供景区公告、动态信息、政策法规等多种行业信息发布功能；针对批量信息录入和大量信息转载的需求，系统还设置了灵活的审核和发布模式，开发远程信息智能化采集和批量文本添加功能。

2. 旅游信息咨询子系统

游客在获取平台提供的旅游信息后，会做出相应的旅游行程规划。但旅游是一个动态的过程，旅游者需要实时查询或咨询相关信息，如目的地天气、景区流量监控、交通信息等。咨询系统必须建立在线客服系统，实时回答用户疑问。由于用户需求的多样化和个性化，系统数据库中的常见问题解答已远远不能满足用户咨询的需要，因此，开展即时在线咨询服务功能是大势所趋。它不仅可以满足互联网背景下大规模网民的信息识别需求，还可以帮助潜在游客做出更好的旅游规划；此外，游客在交易过程中感到疑惑时，可通过在线咨询方式及时获取解决办法。

3. 虚拟旅游体验子系统

游客通过虚拟旅游体验平台可获得最接近真实场景的旅游体验，还可实现与虚拟场景和任务之间的交互。其将目的地景区的真实情景模拟到网络上，游客通过协议以虚拟身份潜入旅游景区中，运用智能导游和导航模块，即可按照系统预设的漫游线路进行游览参观，也可以按照自己规划的行程路线漫游。这样不仅能随心所欲地观赏景区的风光，而且可以通过虚拟人物和场景的转换，从不同角度和侧面了解景点的人文历史和景区特色，进一步促进旅游方案的实际购买行为和潜在游客的消费行为。

4. 旅游电子商务子系统

旅游电子商务子系统为全省各类旅游服务企业提供一体化的电子商务平台，重点为中小旅行社、酒店和景点等开辟新的业务渠道。在线支付系统为智慧旅游服务平台开展各类业务提供资金流转的支持。其整合旅游行业电子商务服务商资源，合作开发面向游客和导游的电子商务服务平台，建立全省统一的旅游全行业电子商务服务体系，为游客、旅游服务企业和政府旅游管理部门搭建高标准的服务和监管平台。旅游电子商务子系统主要包含前台客户端浏览、购物功能和后台服务器端系统管理功能，同时支持在线支付、短信提醒、支持无注册预订和快速预订等功能。

智慧旅游电子商务子系统还应注重在线电子商务业务流程与线下业务流程的对接，确保所有的在线订单都有对应单位进行处理，并通过短信、邮件等方式，及时提醒用户业务处理进度。对门票、住宿、旅游商品等产品的退订服务，设计专门的处理规则，形成规范、严密、高效的处理流程。

5. 旅游线下服务子系统

旅游线下服务子系统重点结合上文分析设计的智能导游功能，随时随地为游客提供游览和指引服务，同时完善在线订单和线下业务的对接。景区的自助取票和电子验证功能，可通过选择电子票或二维码电子票实现。电子门票的使用可使出票、验票、计票等票务流程全程电子化，不仅如此，还可通过电子门票与用户身份的绑定，结合景区重要节点设置电子门票识别设备，来感知游客所处位置区域，为游客提供智能导览服务。

6. 互动交流子系统

互动交流子系统提供在线客服、官方微博、即时通信工具、旅游论坛和咨询热线等多种交流和咨询途径，旨在为游客、旅游企业提供在线交流的平台。一方面有利于游客随时随地获取所需信息，另一方面为旅游企业提供对外交流的窗口，使其改善服务，提升竞争能力。

三、智慧管理系统

各地市旅游局机构均已经构建了具有一定功能的系统，但这些系统往往信息相对独立或针对各自特定的领域，难以实现对整个旅游行业的全面信息共享和监管。所以，构建一个集成已有数据和系统、能够对数据更新及时作出反应并实现数据可视化的行业监督管理系统显得尤为重要。它不仅有利于加强对行业的监管，还可以为旅游局等管理部门制订决策提供依据。

（一）系统组成

智慧管理系统包含诚信监控子系统、公共发布子系统、客流引导子系统和信息整合与管理子系统。该系统的建立，有利于实现旅游政策法规发布、旅游决策分析与支持和企业、个人诚信评价等功能。政府监督和服务系统是政府主管部门对旅游行业进行有效监管、保证旅游行业正常、有序、健康发展的一个具体体现。

（二）功能设计

1. 诚信监控子系统

诚信监控子系统对游客的投诉记录和企业的问题记录进行统计分析，掌握投诉数量、特点、原因、变化趋势和投诉处理情况，以此来监督旅游企业更好地执行旅游政策并改进服务质量。诚信监控子系统主要分为用户评价管理和企业诚信管理两个模块。

用户评价管理功能则向广大游客提供一个公开、方便的接口，接受用户对旅游企业、旅游景点和城市进行评价、评分、投诉和建议，也可以向广大游客征集对一些旅游政策或计划的意见，为政府、企业和用户之间良性沟通提供一个有效的平台。企业诚信管理在整合分析用户评价数据的基础上，记录目标企业的诚信情况，并根据企业的被投诉情况、问题或事故发生情况及时调整，帮助政府部门及时了解旅游企业的情况，并为用户选择旅游企业提供比较权威的参考。同时，诚信档案也有助于企业了解自身存在的问题，促进旅游企业不断进行自我完善。

2. 公共发布子系统

公共发布子系统主要针对旅游业相关的规范政策进行整合、管理和发布。该子系统构建全面、完善的旅游规范和政策数据库，其依据相关规范政策的类别对系统用户对象进行分类存储，同时建立高效的目标索引，使系统管理者能够快速、准确地获取已发布的历史规范政策。系统集中统一管理各级管理单位的信息发布，以确保各级单位发布信息的一致性。此外，该子系统与公共服务平台实时对接，及时将最新的规范政策发布在公共服务平台上，以便旅游管理部门、游客和相关旅游企业查看。该子系统还具有对信息访问流量进行分析、整理的功能，辨别访问量较高的信息，设计出该信息的简单查询流程，从而提升访问效率，方便用户查询。

3. 客流引导子系统

景区客流量控制是目的地景区管理的重要任务之一。针对景区的高峰客流，通过采用视频监控、红外感应等方式对客流信息进行传输，并且实时传输到中央数据库；通过广播系统、LED 屏幕和参观人员手机等终端向用户发布客流预警信息；根据游客位置提供路线，进行景区分流疏导。

4. 信息整合与管理子系统

信息整合与管理子系统主要整合和共享利用旅游行业内部和外围资源。旅游行业内部资源主要包括旅行社、酒店、餐饮等与旅游密切相关的信息，外围资源主要以旅游行业协会信息、旅游政策信息以及各类网友分享的信息为主。该子系统提供信息双向共享渠道，其将各个行业提供的经营数据和行业数据上传至信息整合与管理子系统。提供数据和信息的行业也可从该系统中获取其他用户提供的数据和信息以及相关外围资源，从而达到多方共赢的效果。政府通过分析这些整合的资源，可以全面、直观、准确地了解省内各旅游资源的利用状况和整体发展情况，从而及时、有针对性地调整和引导省内旅游产业发展模式、行业结构，促进旅游产业健康、可持续发展。

四、智慧政务系统

智慧政务系统旨在建立一个三级政务平台，是政务管理、地理信息系统和在线应急指挥救援的重要办公平台。

（一）系统组成

智慧政务系统主要包含权限管理、工作流程管理、公文处理、内部通讯、系统管理、地理信息系统和在线应急指挥等内容。系统应整合现存的旅游政务网、旅游信息网和各市、县旅游政务和信息网站的内容与接口。通过指挥行政办公系统的建设，能够实现政府机构的电子化办公，简化办公流程，提高行政效率，为政府部门对旅游行业的智慧化管理助一臂之力。

（二）功能分析

1. 政务管理

政务管理主要为旅游局等政府管理人员提供统一权限管理、公文管理、信息发布、后台管理等服务。政务管理模块采用单点登录设计，实现管理人员只需使用一套账户、密码就可以登录多个系统，并实现办公文件的电子化；支持政府部门内部信息发布功能，并为公共发布模块提供接口，方便政府公共信息的对外发布。后台管理应包括账户安全、信息安全等，为智慧政务系统提供管理支持。

2. 地理信息子系统

地理信息子系统是以地理信息平台为基础，向用户提供一个友好的用户界面和可视化的查询分析方法，在对地图进行基础操作的同时，同步显示图片、属性、音频和视频信息。该系统将空间数据库、属性数据库和多媒体数据管理相结合，提供地图基本操作、信息查询和多媒体展示、维护功能，不仅向用户提供信息查询、行程规划、虚拟旅游体验服务接口，同时向系统管理人员提供数据维护和系统维护功能。

3. 在线应急指挥子系统

为了应对旅游过程中的突发事件，应充分发挥政府部门的全局指挥和协调作用，因此，智慧政务系统还应包含在线应急指挥子系统。该系统与目的地景区公共安全保障系统和灾害防控保障系统对接。在线应急指挥子系统从目的地景区公共安全保障系统获取数据支持，并进行数据分析，灾害防控保障系统输出应急预案方案，在线应急智慧系统联合防控保障系统多个部门如消防、公安、医疗等进行应急指挥和救援。

五、智慧旅游云服务系统

智慧旅游云服务系统的建立，为全省的旅游企业和政府管理部门提供统一的云服务。

（一）云服务系统的组成

智慧旅游公共服务平台基于云计算建成，智慧旅游云服务系统的主要建设内容包括云基础设施、云数据中心和云应用中心。重点建设全省统一的智慧旅游云数据中心，统一规则采集，统一标准存储，并遵循统一的交换标准在各大平台上发布，以期最终实现旅游信息、管理和服务的智慧化，最大限度地实现智慧旅游的价值。智慧旅游云服务系统的建设必须做到数据标准、基础信息、地理信息、交换接口和技术平台等五个方面的统一，采用“少数集中，多数分布”的系统架构，省旅游局负责建立统一的数据标准，构建智慧旅游信息数据云中心，为各市、县（区）提供集中上传数据的入口。同时，省旅游局还需建立数据交换标准，并向各市、县（区）提供交换接口，使各自现有的信息系统能与云中心实现数据的同步和交换。云数据中心包括数据库云、管理云和支撑云等方面的建设。数据库云主要包括旅游基础数据库、业务数据库、服务数据库和决策数据库。

（二）云服务系统的建设内容

1. 云基础设施

基础设施提供即需即得的存储资源、计算资源和网络资源，主要包括计算机、网络设备、存储设施等。镇江以创建智慧旅游产业谷为突破口，建立全国智慧旅游服务中心。旅游局可以以此为契机，通过该云计算平台获得存储、计算、网络和其他基本的计算资源。同时，依托政府资源，建立适合自身发展的云服务基地，以拥有良好的主机数量、网络带宽、足够大的数据存储空间、安全保障等。通过资源的虚拟化将众多物理设备的资源虚拟成一个巨大资源池，这些资源可以被动态分配和动态调整，平台用户可根据自己的实际需求申请相应的计算资源。

2. 云数据中心

云数据中心集中管理公共服务平台的信息资源。主要包括三个方面：一是对应用系统包含的信息资源进行管理，主要包括基础信息数据库、用户数据库、服务数据库和监管数据库等；二是对服务数据进行分析、管理，主要是指在平台运营期间产生的数据，如流量数据、监管数据、检索数据、交换数据等管理云；三是支撑信息资源的共享和综合利用，实现内部应用系统信息资源的交换和搜索。

3. 云应用中心

将智慧旅游公共服务平台的各应用系统放在云端，供各市、县（区）随时进行业务应用操作，主要包括公共云、政务云和企业云，针对不同用户提供旅游服务。公共云主要针对游客和导游，提供旅游信息服务、行程规划、虚拟旅游，并借助遍布景区的传感末梢与游客交互感知，实现旅游全程智慧服务；政务云主要针对政府等管理部门，提供行业监督管理和政务办公等功能，如行业数据监督、企业信用评价、旅游行业政策发布等；企业云主要针对旅游企业，提供目的地智慧营销、客户关系管理、旅游产品管理等。

第六章

智慧旅游营销

随着物联网、云计算、移动互联网等新一代信息技术的应用，旅游信息化开始步入“智慧旅游”时代，网络成为旅游者获取旅游信息的重要渠道，旅游者的消费行为也发生了变化，旅游者在旅游时表现得更加的自主化、个性化和多样化，旅游市场营销也需要做出相应的改变才能保证营销目标更好地实现。因此，智慧营销成为旅游企业创新营销渠道的必然选择。

第一节　智慧旅游消费行为分析

旅游消费者是旅游营销活动的主要对象，一切营销活动的开展需以旅游消费者为中心，才能避免营销工作的盲目性。在智慧旅游时代，受互联网的影响，旅游消费行为出现了与以往不同的模式和特征。在旅游需求不断个性化的今天，只有了解智慧旅游对旅游消费的影响和游客消费行为特征，才能获得更显著的营销效果。

一、智慧旅游对游客消费行为的影响

近年来，随着移动互联网、物联网、大数据、云计算等技术在旅游行业的深入应用，新的旅游出行方式、体验方式和服务方式不断出现，这给传统的旅游业带来了革命性的变革，智慧旅游也随着时代的发展应运而生。智慧旅游时代的来临也必然会对游客的消费行为产生巨大的影响。

（一）游客消费行为

世界旅游组织对旅游消费的定义：旅游消费是指由旅游单位（游客）使用或为他们而生产的产品和服务的价值。旅游消费行为是个体在收集有关旅游产品的信息进行决策和在购买、消费、评估、处理旅游产品时的行为表现。

（二）智慧旅游背景下游客消费行为模式

在智慧旅游背景下，信息技术的支持给消费者的购买决策带来了新的变化，旅游消费者购买旅游产品的消费模式具体可归结为以下几点。

1. 认识旅游需求

随着居民收入水平的提高、国家法定假日的增多、社会基础设施的完善，我国旅游市场呈现出迅猛发展的势头，消费者追求多样化及个性化旅游产品的时代已经到来。旅游消费过程始于认知旅游需要。旅游需要的引发往往是旅游者内部驱动和旅游企业或目的地营销机构外部刺激共同作用的结果。传统旅游中，旅游消费者对旅游需求的认知通常是主动产生的，主要是为了消除日常工作造成的紧张情绪、娱乐游玩、开阔视野、在游玩中增进与亲朋的感情，这是对购买旅游产品的认识问题阶段。在智慧旅游背景下，外部刺激主要来自两个方面：一是旅游网站的营销刺激，二是社会参照群体的刺激。前者表现为由旅游供应商网站、旅游中间商网站、旅游目的地网站以及门户网站旅游频道等构成的旅游网络促销平台上发布的宣传文字、景点图片、折扣信息、视频短片等，后者表现为由博客、播客、社区和论坛等虚拟空间构成的旅游社会性网络上旅游者发布的文章、照片、视频和音频文件等。借助智能推荐技术、智能搜索技术等，这两类外部刺激会变得更有针对性、更有引领性。

2. 信息的搜集

在传统旅游模式中，消费者搜集相关旅游产品信息的主要途径包括旅行社、亲戚朋友、相关旅游网站的介绍等。随着智慧旅游时代的到来，旅游消费者搜集相关旅游产品信息的途径不仅仅局限于旅行社、亲朋以及相关旅游网站的介绍，在大数据背景下，可供旅游消费者搜集到的信息呈现爆炸性地增长，这为消费者搜集旅游产品相关信息提供了极大的便利。

3. 设计个性化的旅游产品

智慧旅游的相关旅游信息是在现有旅游资源的基础上形成旅游信息数据库，该数据库包括各种旅游信息的模块，诸如景区景点解说、购票实时信息、旅游设施的预订及使用情况等。旅游消费者可以在相关网络信息技术的支持下，通过手机等便携的网络终端设备，利用现有的模块化的旅游信息，方便、快捷、随心所欲地规划和设计自己的旅游行程，为自己量身定制个性化的旅游产品。模块化的数据使不同消费者需求的满足变得简单可行，为旅游消费者对产品的自主化设计提供了极大的发挥空间，消费者可以定制自己开发的、适合自己需要的个性化旅游产品，智慧旅游的个性化服务得到了充分展现。

4. 购买决策的调整

游客需要决策的问题除了是否出游、选择哪个旅游目的地、选择单项旅游产品还是组合旅游产品、选择哪些旅游服务供应商之外，还要对购买方式做决策，如在线预订还是网下预订，在线支付还是网下支付等。智慧旅游背景下，游客做出购买决策，除了会考虑现实环境中自身经济状况、闲暇时间等因素，还会参考虚拟的各种旅游新媒体中其他游客的旅游消费体验和服务质量评价，当然游客自身对网络信息服务质量的感知效果更是尤为重要的考虑因素。因此，游客的购买决策对网络与新媒体产生了更多依赖感。

5. 旅游体验和计划的调整

旅游即一种体验活动。旅游消费者需求的不是旅游产品本身，而是一种伴随旅游产品的消费所带来的独特的经历或感受。智慧旅游为旅游消费者积极主动地参与旅游产品的设计提供了可能，通过旅游消费者参与旅游目的地居民的衣食起居活动而增加了旅游体验的互动性。传统旅游中旅游消费者在购买既定旅游产品后，只能按照既定的行程实施旅游计划，而智慧旅游中，旅游消费者可以通过互联网、手机等终端设备，结合智慧旅游提供的云计算等各种智能计算技术，随时感知与整合各类信息，根据需要可以随时调整行程，实现旅游智能化的决策、控制和个性化服务。

6. 旅游评价和分享收获

智慧旅游背景下，游客在旅游评价方面最大的变化是即时性，一边旅游一边通过微信、微博等网络渠道传播自己的感受、心情与体会。这些反馈信息最终通过搜索引擎的映射链接，被其他游客搜索并作为其购买决策的指导。这种评价的即时性无疑对旅游企业、景区管理者带来了巨大挑战，使其务必更好坚持顾客导向，为每一名游客提供最好的服务。智慧旅游使游客对旅游体验分享的方式和手段多样化，如通过在目的地拍摄的照片记录自己的游览路线，并添加游记分享于各种社交网络平台。当这些网络好友分享到这些旅游体验后，一般都会做出相应的评价，甚至会转发给其他好友。因此，旅游营销者必须高度重视这种分享的网络互动性，充分发挥电子口碑营销作用，树立并提升形象。

二、智慧旅游时代游客消费行为特征

互联网技术深刻影响旅游业，智慧旅游是旅游业发展的必然选择。

在过去，游客的出行主要依靠旅行社，出行方式、出行时间、游览线路都有相对的固定模式。这是因为当时信息不对称。现在，人们出行依靠互联网，特别是移动互联网。旅游产品可以依托互联网由部分要素供应商提供，催生了自助游。线上预订、分享、查询等都可以通过互联网实现，这也是互联网时代的旅游需求。

旅游业凭借互联网的便利性、广泛分布性、资讯丰富性、创新性等特点，使智慧旅游时代的旅游消费者获取信息的渠道更广，并且使旅游者购买旅游产品更加便捷。相对于传统的营销模式，旅游消费者在智慧旅游时代表现出个性化、独立性、便捷性和分享性等特征。

（一）个性化

智慧旅游时代旅游消费者最突出的特征就是个性化。传统旅游产品的设计是以旅游中间商为主，旅游中间商确定了旅游线路、乘坐的交通工具、旅游景点的选择等，提供的主要是固定产品的包价服务。如果旅游者有不同的旅游需求，只能接受旅游中间商提供的模块化的旅游产品。智慧旅游时代，随着互联网的普及和电子商务的发展，为旅游者个性化的需求提供了一个巨大而自由的空间。凭借先进的网络平台做支撑，旅游者可以定制适合自己的机票、旅游线路、宾馆等产品，将自身独特的旅游需求传达给旅游供应商，享受个性化的旅游体验。

（二）独立性

随着个性化时代的到来，智慧旅游需求明显朝着个性化方向发展，旅游者的消费特征越发地呈现出独立性。旅游在本质上讲求的就是旅游者追求一种愉悦、求知的心路历程和独特的体验。这种体验和经历完全是个人主观上的感受。智慧旅游时代，互联网给旅游者提供了彰显个性的绝佳平台：功能强大的搜索引擎、巨大的信息资源库、丰富多彩的表现手段、自由舒畅的沟通交流渠道等，在任何时间，只要手指轻触鼠标或屏幕，就可以轻松得到自己想要的信息和产品。

（三）便捷性

在传统的旅游消费时代，旅游者选择旅游产品往往需要花费大量的时间和精力。而在当今快节奏的时代，人们越来越重视时间和成本，因此消费者更讲求便捷性。网络可以使旅游消费者迅速获得大量信息，且可以货比三家，同时凭借电子商务的发展在网上实现便捷地预订和支付，省去麻烦，提高了选择和购买的效率。

（四）分享性

智慧旅游时代，旅游消费者凭借互联网这个有效平台，不仅可以获得需要的旅游信息，还可以主动发布信息和分享经验。消费者根据自己的社交网络和兴趣爱好聚集在网络虚拟社区，当完成一次旅游之后，会通过社交网络媒体分享给大家，通过互动交流将美好的旅游体验和糟糕的旅游经历影响扩大，通过口碑传播给更多的潜在的旅游消费者。分享性的突出表现是口碑在消费决策中的地位越来越重要，因此口碑营销在旅游营销中也逐渐成为一种主要的营销手段。

第二节　智慧旅游营销平台构建

智慧旅游营销是一种通过整合智慧旅游体系中核心能力后，区别于单纯的网络电子营销，集合不同营销理念以达到旅游目的地与游客关系营销为目标的营销模式。营销策略的实施需要通过物联网、云计算等成功地进入营销平台。而游客从被动地感知到主动的认知，以及在旅游过程中、旅游结束后的反馈都需要在智慧旅游环境的支持下才能更好、更有效地完成。因为旅游目的地的智慧营销将智慧旅游体系中核心技术能力整合到营销中，就是它优于传统营销方式的地方。

一、智慧旅游营销平台的概念与功能

（一）概念

智慧旅游营销平台是旅游目的地主管部门借助互联网、移动通信网络等自有媒体资源和外部可控网络媒体，智能整合旅游信息资源，并对国内外游客进行智能传播和在线交易的智慧旅游网络营销平台。该平台是旅游目的地自有各项媒体资源的有效整合，如旅游资讯网、APP应用、旅游触摸屏、移动传媒网、旅游呼叫系统等，也是自有媒体与外部网络媒体的有效整合，如与国内外大型旅行社门户网络、携程网等旅游网络中间商、GPS等预订系统、新浪等门户网站旅游频道及Facebook等网络社交媒体。

（二）功能

智慧旅游营销平台的构建对于旅游者、旅游企业和旅游目的地主管

部门都具有重要作用。对于旅游者而言，其功能主要表现在：旅游信息智能收集与推送功能、旅游计划智能设计功能、虚拟旅游体验功能、旅游电子商务功能、在线旅游综合服务功能等。对于旅游企业而言，其功能主要表现在：旅游产品在线促销功能、旅游促销活动在线传播功能、旅游产品在线交易功能、旅游体验在线反馈功能等。对于旅游目的地主管部门而言，其功能主要表现在：旅游目的地形象塑造功能、旅游行业监督功能、旅游节事在线传播功能等。

二、智慧旅游营销平台架构

一个完整的智慧旅游体系，不仅仅是对目的地旅游信息的传播，它更需要借助以互联网和信息通信技术手段为基础而建立的信息化营销平台，提高旅游目的地知名度，推介旅游目的地产品，满足游客的需求，实现对目的地的主动营销。智慧旅游营销平台构建主要由各级政府部门牵头搭建并负责日常运营，因此可以将目前各地的旅游官网进行改造升级，打造成为智慧旅游营销平台。该平台可以在电脑、智能手机、平板电脑，旅游触摸屏等各类终端设备登录。

（一）智慧旅游营销平台的设计原则

所谓“三分技术、七分管理、十二分数据”，在景区智慧营销平台建设项目中，如何有效地组织数据、展示景区的特色、提升服务管理能力是做好景区智慧营销平台项目的核心。智慧旅游营销平台必须强化旅游营销功能，为达到此目的，智慧营销平台系统应提供旅游信息（包括产品信息）的收集、处理、（远程）发布、（远程）更新等功能。它广泛支持传统营销方式和业务，存储在数据库中的旅游营销信息，可通过CMS（内容管理系统），处理、生成并发送到传统媒体和复印到印制品上，如报纸、杂志、各种印制品（宣传册、宣传单张、营销指南等），大幅提高传统营销的反应速度；同时，系统可作为语音化的旅游咨询服务中心的后台支持，为旅游者提供咨询服务，为景区相关其他旅游企业提供销售服务。

（二）智慧旅游营销平台的目标

智慧旅游营销平台系统的建设目标是充分运用网络手段和实时通信功能，为分布式营销提供广泛的客户服务，充分利用其他相关网站及搜索引擎提供的功能，为网络营销提供充足的动态信息支撑。基于智慧营销平台，进一步完善现行的分销管理体系，建立更有竞争力的新型营销管理体系，扩大旅游经营的范围、增加直销、分级代理等多种营销模式，完善营销的绩效管理体系和奖励体系。

（三）智慧旅游营销平台的构建

智慧旅游营销平台一般包括数据库平台、信息发布平台、智能服务平台三大平台，其中三大平台又包括各自的子平台。通过智慧旅游营销平台，商家可以以游客的需求组成联盟，共同开拓和分享市场，有效地进行信息整合，更好地为游客服务。

三、智慧旅游营销平台功能模块简介

（一）数据库平台

数据库主要包括旅游综合数据库、旅游企业数据中心、旅游局数据中心、外部合作方数据中心。旅游综合数据库通过各类终端设备获取即时信息并分享给相关平台，如智慧旅游营销平台、旅游科研院所等。智慧旅游营销平台通过接入旅游云平台能获取许多即时动态信息，如景区游客出入量、游客消费结构等。旅游企业数据中心主要提供有关企业的各类信息与数据，如景区特色、主要产品、促销信息等。旅游局数据中心发布有关目的地形象宣传、节事会展等信息，并提供各类统计资料与调研信息等，如游客满意度、导游基本信息等。外部合作方即外部可控网络媒体，智慧旅游营销平台能够与这些外部合作方数据中心实现无缝对接。

（二）信息发布平台

智慧旅游信息发布平台主要包括酒店推介、旅游线路推介、餐饮推介、特色商品推介、游客流量分析、旅游地天气/环境等，其功能是有效融合自有媒体资源和外部可控网络媒体，向国内外旅游者发布有关旅游目的各类旅游信息。

（三）智能服务平台

智能服务平台主要包括旅游综合资讯、旅游呼叫中心、旅游电子商务、虚拟旅游、旅游促销、旅游社区等。游客、旅游企业、旅游目的地主管部门等相关服务对象都有专门登录口，登录之后可以获取相应服务，即游客可以随时随地采用自己喜欢的接入方式浏览旅游信息、接受旅游许可促销信息、在线设计旅游计划、在线预订或购买、进行虚拟旅游体验、下载旅游优惠券、购买旅游一卡通、在旅游社区进行交流和分享旅游体验等。

第三节　智慧旅游营销渠道创新

智慧旅游时代，互联网的存在，使信息的交换和处理变得高效和便捷，与传统营销渠道相比，智慧旅游营销比传统营销更具优势。智慧旅游营销是相对于传统意义上的目的地营销提出的，主要是指基于网络信息技术，利用新媒体作为营销载体而开展的目的地营销活动。在旅游目的地的智慧营销中，旅游者既是信息的接收者同时又是信息的生产者，单向交流变成互动性更强的双向沟通。从目前来看，智慧旅游营销渠道的创新主要包括以下几种。

一、虚拟旅游体验营销

依托于虚拟现实技术和信息技术发展起来的虚拟旅游，是旅游业的一次科技革命，具有超时空性、交互性、高技术性、经济性、多感受性等特征，是现代旅游服务营销中亟须的新手段，目前主要用于旅游景区、饭店、会展的营销中。20世纪90年代中后期，旅游业将步入一个新的信息时代，这个信息旅游时代也可称为“虚拟旅游时代”。随着“虚拟旅游”的出现，“虚拟旅游体验”随之产生。虚拟旅游体验是指在虚拟现实系统中进行旅游体验的一种全新的体验模式。实现这一过程只需要通过计算机来创建一个真实的可交互的虚拟旅游环境，就可轻松地实现旅游体验的大部分功能和内容。它建立在现实旅游景观的基础上，通过模拟现实景观，构建一个虚拟旅游环境，使旅游者能够如同身临其境般进行虚拟旅游活动。

现代人由于各种各样的原因开始崇尚旅游生活。在现实体验的准备阶段，他们因为解除紧张，充实和发现自我的成就或是社会交往的动机，在假期临近时盘算着是要跟团还是要自助，以及旅途线路，景点的逗留时间，往返车票的预订，住宿安排等。当然，还要根据自己的经济实力初步决定这趟旅程的可行性。这个过程是不能缺少的，却又费时费力。而在虚拟体验中，这些过程全部被省略。只要是想放松了，打开电脑随时随地就可以到自己想要去的地方，极大地提高了体验的效率和质量，省去准备阶段的烦琐。在现实体验的实施阶段，好不容易盼来出行的那一刻，又不堪忍受景区里的摩肩接踵，没完没了地排队，也没法抗拒天气突然的变化等临时因素的影响。而在虚拟体验阶段则完全不用担心这些，它更强调视觉的参与和精神的旅行。虚拟体验系统一般包括解说（体验者每到一处景点获得相关讲解的清晰、详细和趣味程度）、场景（体验者在系统中视觉感受的景点、环境布置的真实程度）、操作（体验者通过各种外接设备获得身临其境的感觉的便捷程度）三大部分。虚拟游客借助系统的导航模块和电子导游系统，可以循着系统预先制定的线路漫游，也可以根据自己爱好自选线路观光，还可以随时停下去查阅更多的相关知识。他们不仅能通过显示器对旅游景观做外部的、静态的观察，而且能通过人的视觉、听觉、触觉、嗅觉，以及形体、手势或口令，参与信息处理环境，从而获得实地旅游的身临其境的体验，甚至可以梦回千年，去看看完全未遭破坏时的原生态景观，或是体会那历史的气息。在现实旅游过程中，人们往往是在购买的同时发生消费，没有足够的冷静考虑的时间，事后也没有很多机会去对这一过程中得到的服务进行评价。因而，后悔的情绪常常伴随到最后，满意或是不满意都没有反映到相关的部门，企业因此错过了在处理投诉意见中反观自身不足的契机，降低了维护老客户的可能性，这显然不利于旅游行业的可持续发展。虚拟旅游则可以利用虚拟社区这一成熟的网络工具，促进企业与客户的交流，通过向其提供有针对性的细致入微的客户服务，努力培养忠诚客户群。从马斯洛的需求层次理论角度分析，旅游是高层次的需求，是一种情感的归属。人们通过这一围绕旅游生活而形成的互联网生活空间可以宣泄不良情绪，加深美好回忆，最终控制所有负面情绪，让旅游真正成为一个良性的循环系统。

二、旅游电子商务营销

旅游业是一个庞大而又细致的系统，包含交通运输业（陆海空）、旅游中介、旅行社、酒店（住宿餐饮）、旅游景点等领域，在互联网经济迅猛发展的今天，众多旅游企业加入电子营销的行列。在传统营销理论的基础和经验上，旅游电子商务营销模式呈现多样化发展。旅游电子商务营销具有良好的理论基础和实践经验，发展前景广阔。

旅游产品作为一种特殊的服务产品，具有生产消费同步、远距离异地消费、消费者不易对产品预先感知等特性，这些都使其成为较适宜于网上查询、浏览、购买的产品类型之一。例如，旅行社最核心的业务流程就是信息处理过程，旅行社需要的是收集外部的信息资源——客户信息、服务信息，并且将外部的信息资源转换成为内部信息资源，以及不断地加工和开发利用信息资源获得相应的信息附加值。因此，电子商务非常适合运用于旅游业，并推动旅游业的创新和发展。

国内旅游市场在受互联网多年影响之后，已经正式进入旅游电子商务时代。BAT在内的互联网巨头也看到了这一市场的发展前景，纷纷发力布局在线旅游业。自助游、机票、酒店等格局稳定，出境游和周边游大热。各种数据以及案例均已显示出旅游电子商务市场的规模日益庞大。

总之，电子商务网络营销是一种新兴的营销方式，其成本低，为独立经销商进入世界市场提供道路。它的发展并非一定要取代传统的方式，但它将创新重组营销渠道，使营销渠道多元化。多元营销渠道策略将传统营销渠道与网络营销渠道紧密地结合，可建立最大的顾客接触，这不仅能扩大市场占有率，还能创造出许多意想不到的新需求。

三、社区营销

网络社区营销是在互联网发展的基础上，人们利用互联网构建的一个有共同兴趣爱好的成员组成的社区，实现成员相互沟通的目的，企业利用社区进行营销的方式。社区成员一般有着类似的消费心理、行为和价值取向，有利于企业对他们进行团体营销，节省了企业的营销费用。目的地网络营销采取的社区营销方式主要有点评网站、即时通信、SNS社交网站等。

（一）点评网站

点评网站主要是由专家、同行或消费者对企业提供的产品和服务进行评价，评论的形式有编辑点评、视频图片展示以及用户使用体会等，这些评价不仅包括赞美也包括不足之处，用户推荐和网民的意见对潜在消费者决定购买产品起着至关重要的作用。企业在实施点评网站营销时，要关注与企业提供的产品相关的点评网站，深入网站社区，认真倾听网民的意见和想法，通过与网民的交流，使得点评网站成为企业产品的推广者而不是阻碍者。

（二）即时通信营销

即时通信工具在网络生活中的地位就相当于电话在人们日常沟通交流的作用，在互联网众多产物中，即时通信工具是用户接受程度最高的产物之一，在即时通信工具向人们工作和生活渗透的同时，也为企业进行网络营销提供了契机。即时通信营销的优点包括：成本低、沟通性好、受众广。这种营销方式以较少成本扩大了企业营销的对象，增加了企业营销成功的概率。

（三）SNS社交网站

SNS（Social Networking Services）社交网站最早起源于1967年哈佛大学教授米尔格兰姆创立的“六度分隔理论”。“六度分隔理论”是指通过六个人，人们就可以认识世界上任何一个陌生人。人们可以通过这种潜在的关系纽带牢牢地牵系在一起，SNS社交网站就是在这样的基础理论背景下产生的。简单地说，SNS即为基于“朋友的朋友”而建立的社交网站，并在此基础上延伸出更多的凝聚方式。如根据用户履历进行聚集、根据空间主题进行聚集、根据社交游戏进行聚集等，方式日渐多样。

近年来，越来越多的购物型旅游景区会选择在消费点评网站中发掘意见领袖来对旅游景区进行有针对性的信息传播，从而起到影响和引导消费的作用。所谓的意见领袖是指那些在网络上一定范围或领域内受到较高关注与信任的人，他们往往通过论坛或微博、博客等为他人答疑解惑，发表自己独特的个人观点，并经常为他人提供一些有益的旅游建议。这些人大多数不是所谓的名人，而是一些普通百姓。在论坛里，他们中的很多人都是因为相同的兴趣走到一起的，并且能够发出自己真正声音。正因他们普通平凡的身份，往往提出的看法更能够被普通消费者所认同。

四、微营销

微营销为微博营销和微信营销的简称。随着微博和微信的传播效益逐步显现，微博和微信已经成为旅游推广的利器。越来越多的旅游目的地开始重视微营销的作用，通过应用微博和微信平台来提升自身的影响力和竞争力。

（一）微博营销

微博营销是新兴起的一种网络营销方式，随着微博的火热而兴起。

微博营销以微博作为营销平台，每个听众（粉丝）都是潜在营销对象，企业可以利用更新自己的微博向网友传播企业、产品的信息，树立良好的企业形象和产品形象。

微博营销得到了旅游目的地的高度重视，并成为其网络营销的重要渠道之一。

微博和旅游目的地营销在受众基础、体验共性和信息需求这三个方面具有契合性。微博用户一般为18～30岁的中青年。这一年龄段的人群旅游频率较高，如果他们在微博使用中对某地留有较深印象，日后出行时选择去该地旅游的概率将会增大。并且，如果这些人习惯了从微博获取旅游相关信息，即使他们现在的消费能力有限，随着时间的推移，他们同样会给旅游目的地带来丰厚的利润。微博与旅游有体验共性。旅游需要体验传播，而体验传播离不开网络这个环境。随着网络技术门槛的降低，网民以文字、图片、视频、音频等各种形式传递信息，通过标签、分类等方式创造虚拟社群环境，使具有相同爱好的人建立起某种经常性的联系。旅游者在购买旅游产品和服务前习惯上网查看相关评论，在微博互动中获取旅游行为和旅游体验、心理偏好、观光度假决策、分销渠道选择、目的地选择等更加“真实”的旅游信息。旅游就是一种体验的过程，微博与旅游体验的共性为它们的融合铺平了道路。微博能够满足旅游者的信息需求。微博形式精简，操作便捷，功能强大，特别适合在移动客户端使用与旅游“在路上”的状态不谋而合。此外，微博信息生成群体庞大、传播速度快，可以在第一时间告诉大家最新动态，时效性强，抢鲜度高，能够满足旅游者对目的地信息的需求。

微博营销具有参与互动性强、营销精准度高、效果实时反馈、营销成本低的特点，因此受到了旅游目的地的高度重视。目前国内主要城市旅游局基本均开通了新浪微博、腾讯微博等。

（二）微信营销

随着智能手机的不断普及，手机上网将会成为家常饭一样，而当下使用微信的用户越来越多。移动互联网时代的到来，把人与人之间的链接变得越来越简单。

微信营销的两大优势：一是微信能让游客得到即时有效地旅游度假及景区活动信息，让信息供应商宣传更具针对性。从游客角度来讲，无论是去什么地方旅游，肯定是先了解旅游度假信息、景区景点信息，再找酒店安排食宿和确定出行方式。所以旅游度假信息供应商（如旅行社、各大旅游网站等）以及作为个体的景区本身如何第一时间及时有效地将信息传递出去最为重要。而随着微信的广泛运用，有很多旅游供应商或景区通过微信查找附近人，向附近人打招呼发布相关信息。或是在签名备注相关旅游信息，让游客在查找附近人时看到相关信息。二是“二维码”扫描，微信有目标明确的用户群。微信的定位功能具有其他新媒体营销模式不具有的区域性营销功能。现在很多购物型旅游景区商家都有自己的“二维码”，游客通过手机扫描二维码，添加微信好友，就可以实时接收到旅游产品相关信息。现在许多旅游景区通过微信公共平台推出景区旅游产品的语音、图片、视频、图文等消息。其中使用最多、最常见的就是图文消息，图文消息又分为单图文消息和多图文消息两种。旅游图文消息被推送后关注者并不需要打开最终页，就能通过图片、标题与摘要了解到相关旅游产品信息。这一点相当重要，因为有很多微信用户反馈，对于微信信息已经产生了一定的强迫症。那就是看到那么多未读信息后，会点击一下，目的并非阅读，而只是不想看到有那么多未读信息的提示。据不完全统计，在用户对于某个账号还没有发展到取消关注的地步时，这一强迫性的点击习惯，再加上分享率及朋友圈回流等因素，其所能带来的打开率超过40%。

五、网络影视营销

在我国，很多旅游者喜欢将自己旅游的过程用电子设备记录下来，通过整理和剪切把旅游体验分享到自己网络社交平台上，将愉快的旅游体验分享给更多人。目前，很多旅游景区抓住旅游者这种爱好，通过邀请一些旅游爱好者前来旅游，借助他们拍摄的旅游视频来宣传自己的旅游产品，从而引起更多网友的关注，提高旅游产品的信息。这种通过他人间接传播旅游信息的方式，不但不会引起网友的反感，反而会增加旅游产品的可信度，更容易获得潜在游客的前往。

网络视频用户大多是30岁以下，收入较高的时尚年轻人，这一定位对旅游营销来说，视频将是一个极好的营销传播平台。通过视频形式展示购物型旅游景区形象与产品，效果更加直接、丰富、形象、有效。旅游景区可以通过一些知名视频网站上的视频广告来向用户推广。在国内，旅游景区想要推广旅游产品信息，可以选择与一些网络视频媒体合作。例如，通过举办一些充满创新意识的优秀旅游景区介绍的视频比赛，吸引网民的关注，同时也便于更多的网民积极参与竞赛，鼓励他们将自己的旅游视频上传到网络平台上，这就是一种非常简洁、有效的推销形式。视频营销的厉害之处在于传播即精准，首先会让观看者产生兴趣，关注视频，再由关注者变为传播分享者，而被传播对象势必是有着和他一样特征兴趣的人，这一系列的过程就是在目标消费者中精准筛选传播。

六、云营销

云营销就是依靠云软件、搜索引擎以及社会化媒体作为主要媒介，通过网络，把多个成本较低的计算实体，整合成一个具有强大营销能力的完美系统平台。它是以云计算和云端服务器为依托，为搜索引擎构建友好的多层次网络平台，实现搜索引擎大面积首页覆盖，从而帮助企业更高效、快速、省心地开展网络营销一站式服务。旅游云营销就是通过构建旅游云平台，依赖云技术所提供有消费者个性化信息的大数据进行具体量化的营销工作，使整个旅游营销过程变得更加精确有效。

以前旅游行业的营销体系一般是通过打广告或者是搞活动进行旅游营销，基本是“BZC”模式（BZC是企业对消费者直接开展商业活动的一种电子商务模式。这种形式的电子商务一般以直接面向客户开展零售业务为主，主要借助于互联网开展在线销售活动，故又称为电子销售或网络销售)，效率低下、难以考核有效性。大数据时代的旅游云营销可以做到“O2O”模式（O2O营销模式又称离线商务模式，是指线上营销和线上购买带动线下经营和线下消费）。O2O通过打折、提供信息、服务预订等方式，把线下商店的消息推送给互联网用户，从而将他们转换为自己的线下客户，这就特别适合必须到店消费的商品和服务。近年来，餐饮O2O的发展速度飞快，网上订座订餐，然后到线下餐饮商家消费，这种模式已经慢慢流行起来。排队网作为首个开创网上订餐和移动订餐的平台，立足餐饮行业，为消费者提供移动订餐、美食优惠信息等一站式餐饮服务。

综上所述，智慧旅游营销方式较多，除了常用的网络营销（如利用搜索引擎营销、即时通信营销、社区营销、博客营销、创意广告营销、知识型营销等）以外，还有虚拟旅游营销、物联网营销、精准营销等。无论是传统营销方式还是新媒体营销方式，都有各自的优劣势，旅游企事业单位应根据各自的实际情况采取适宜的营销方式。

参考文献

[1]邓宁.智慧旅游导论[M].武汉:华中科技大学出版社,2023.
[2]刘慧.旅游管理理论与实践研究[M].北京:中国金融出版社,2016.
[3]姚国章.智慧旅游新探索[M].长春:东北师范大学出版社,2016.
[4]鲍润华.智慧旅游理论与实践研究[M].成都:电子科技大学出版社,2017.
[5]吴国清,申军波.智慧旅游发展与管理[M].上海:上海人民出版社,2017.
[6]张华,李凌.智慧旅游管理与实务[M].北京:北京理工大学出版社,2017.
[7]马海龙,杨建莉.智慧旅游[M].银川:宁夏人民教育出版社,2017.
[8]张捷雷.基于智慧城市建设的城市旅游安全管理[M].北京:清华大学出版社,2018.
[9]张河清.旅游景区管理[M].重庆:重庆大学出版社,2018.
[10]刘军林,谭舒月.智慧旅游产业融合发展研究[M].武汉:华中科技大学出版社,2018.
[11]王昕,张海龙.旅游目的地管理[M].北京:中国旅游出版社,2019.
[12]吴国清,申军波.旅游目的地开发与管理[M].北京:旅游教育出版社,2019.
[13]杨振之,周坤.旅游策划理论与实务[M].武汉:华中科技大学出版社,2019.
[14]邓宁,牛宇.旅游大数据[M].北京:旅游教育出版社,2019.
[15]路科,魏丽英.在线旅游发展及旅游业供应链演变研究[M].北京:冶金工业出版社,2019.
[16]董观志,梁增贤.旅游管理原理与方法[M].武汉:华中科学技术大学出版社,2020.

[17]马海龙，杨建莉. 智慧旅游导论[M]. 银川：宁夏人民教育出版社，2020.
[18]吴国清，申军波. 智慧旅游发展与管理[M]. 上海：上海人民出版社，2017.
[19]刘军林，谭舒月. 智慧旅游产业融合发展研究[M]. 武汉：华中科技大学出版社，2018.
[20]陆均良，宋夫华. 智慧旅游新业态的探索与实践[M]. 杭州：浙江大学出版社，2017.
[21]赵成福. 智慧旅游[M]. 北京：新华出版社，2018.
[22]吴红辉. 智慧旅游实践[M]. 北京：人民邮电出版社，2018.
[23]韩彩霞. 智慧旅游发展模式研究[M]. 延吉：延边大学出版社，2018.
[24]王兰. 智慧旅游规划实践研究[M]. 广州：广东旅游出版社，2018.
[25]张自敏. 智慧旅游建设体系与发展研究[M]. 北京：九州出版社，2019.
[26]刘赟. 互联网时代智慧旅游与景区管理探究[M]. 长春：吉林大学出版社，2019.
[27]贾慧. 新时期智慧旅游发展与管理研究[M]. 北京：中国商务出版社，2019.
[28]张静. 互联网背景下智慧旅游新透视[M]. 郑州：黄河水利出版社，2018.
[29]王宠. 大数据背景下智慧旅游管理模式研究[M]. 长春：吉林科学技术出版社，2019.
[30]魏颖. 智慧旅游战略规划与实践研究[M]. 长春：吉林文史出版社，2017.
[31]张捷雷. 基于智慧城市建设的城市旅游安全管理[M]. 北京：清华大学出版社，2018.
[32]董观志，梁增贤. 旅游管理原理与方法[M]. 武汉：华中科技大学出版社，2020.
[33]张建春，陈亮. 智慧旅游导论[M]. 杭州：浙江工商大学出版社，2015.